후설의 『데카르트적 성찰』 읽기

세창명저산책_097

후설의 『데카르트적 성찰』 읽기

초판 1쇄 인쇄 2022년 12월 16일
초판 1쇄 발행 2022년 12월 23일
—

지은이 박인철
펴낸이 이방원
기획위원 원당희
편 집 송원빈·김명희·안효희·정조연·정우경·박은창
디자인 손경화·박혜옥·양혜진 **마케팅** 최성수·김 준·조성규
—

펴낸곳 세창미디어

신고번호 제2013-000003호 **주소** 03736 서울시 서대문구 경기대로 58 경기빌딩 602호
전화 723-8660 **팩스** 720-4579 **이메일** edit@sechangpub.co.kr **홈페이지** http://www.sechangpub.co.kr
블로그 blog.naver.com/scpc1992 **페이스북** fb.me/Sechangofficial **인스타그램** @sechang_official
—

ISBN 978-89-5586-758-9 02160

세창명저산책_097

Edmund HUSSERL

박인철 지음

후설의 『데카르트적 성찰』 읽기

세창미디어
MEDIA

후설에게 『데카르트적 성찰』은 매우 의미가 큰 저작으로서 사실상 후설의 전 사상이 농축되어 있는, 특히 그의 후기사상의 전모를 엿볼 수 있는 작품이다. 본래 프랑스에서의 강연을 기초로 한 이 저작에 대한 후설의 애정은 남달랐던 것으로 알려져 있다. 이 책을 독일에서 출간하기로 결심하면서, 후설은 강한 사명감과 기대를 갖고 하나의 완성된 책이 나올 수 있도록 고심했으며, 각별히 심혈을 기울였다. 특히 그의 개인조교였던 핑크와의 공동작업으로 이 책의 완성도를 높이기 위해 노력했다. 그러나 그렇게 많은 애정을 쏟아부었음에도 불구하고 후설 생시에는 출간되지 못한다. 다행히 후설 전집 1권으로 묶여 후설 사후에야 빛을 보게 된 이 책은, 후설의 현상학에 대한 깊은 통찰력과 철학적 사명감, 그리고 당대에 자신의 현상학이

에드문트 후설

제대로 인정받지 못하는 데 대한 아쉬움, 세간의 현상학에 대한 편견을 없애고 싶은 그의 간절한 마음과 열정이 담겨 있다.

특히 여기서는 자신의 현상학이 자칫 유아론으로 오해받을 수 있지 않을까 하는 우려에서 이 오해를 불식시키기 위한 철학적 시도, 곧 타자구성과 상호주관성에 대한 현상학적 해명이 매우 상세하고 체계적으로 이루어지고 있다. 그리고 이것이 바로 이 책의 상당 부분을 차지하고 있는 제5성찰의 주제이다. 후설 현상학의 아킬레스건으로 주로 언급되는 상호주관성의 문제가 세밀하게 다루어지고 있는 것만으로도 이 책은 후설 현상학의 이해를 위해 매우 중요하면서도 가치가 있다고 할 수 있다.

그러나 이 상호주관성의 현상학적 해명을 위해서는 이를 뒷받침하는 많은 현상학적 개념 및 이론들, 즉 지향성, 구성, 초월론적 주관성, 명증성, 신체성, 지평성, 습성, 의식의 역사성, 수동적 종합, 수동적 발생, 감정이입, 연상, 더불어 의식됨, 그리고 이를 모두 포괄하는 발생적 현상학의 체계가 필요하기에 이 책은 이 모든 내용을 담고 있다. 그런 점에서 가히 이 책은 후설의 전 생애를 관통해 그의 전 사상을 총괄하고 총정리하는 책으로 볼 수도 있다.

본래 이 저술은 프랑스에서의 강연을 위해 준비된 원고를 기반으로 구성되었기에, 전반적 구성형식이나 서술 문체로만 보면 어느 정도 체계적이고 쉽게 서술되었다는 인상을 준다. 그러나 여기서 다루어지는 주제와 개념 하나하나가 현상학적으로 깊은 역사를 지닌, 상당한 함축적 의미가 담겨 있는 것이기에 이를 일목요연하게 설명하고 해설하는 것은 결코 쉬운 작업은 아니다. 구체적으로 본다면, 이 책 전체를 관통하는 주제인

'지향성' 개념이나 '명증성' 개념, 그리고 '초월론적 주관성' 개념
이 그렇다. 따라서 사실 그 어느 것 하나도 후설의 진의에 맞게
정리하기가 쉽지 않은 것이었지만, 그래도 최대한 후설의 의도
에 충실하면서, 이 책을 향한 후설의 강한 애정과 숨결을 느껴
가면서 그를 이해하고 존경하는 마음으로 이 책에 대한 해설을
나름대로 제시해 보았다.

아무쪼록 이러한 필자의 작은 노력이 후설에 관심을 갖고 계
신 많은 독자분의 후설 이해에 조금이라도 도움이 되었으면 한
다. 아울러 이 해설서의 출간을 기꺼이 맡아 주고 필자로 하여
금 후설의 삶과 사상을 다시 한번 돌이켜 볼 기회를 준 세창미
디어에 깊은 감사의 말씀을 드린다.

2022년 12월
박 인 철

- 후설의 『데카르트적 성찰』을 소개하기 위해 텍스트로 삼은 것은 슈트라서(S. Strasser)가 편집해 1950년 출간한 후설 전집 1권인 *Cartesiannische Meditationen und Pariser Vorträge*(Martinus Nijhoff, Den Haag, 1950)이다. 이 중 B파트에 해당되는 『데카르트적 성찰』이 본서가 다루고 있는 내용이고, 본문에서 『데카르트적 성찰』로 표기된 것은 바로 이 부분을 가리킨다.

- 『데카르트적 성찰』의 인용 시, 원전에 대한 별도의 언급 없이 괄호 안에 페이지 수만 기입했다. 이는 후설 전집 1권의 페이지를 뜻한다.

- 이 책의 3장 「『데카르트적 성찰』 출간 동기와 배경」에서 로마 숫자로 표기된 것은 이 책의 편집자인 슈트라서가 작성한 서문의 페이지를 뜻한다.

- 인용문 내의 필자 주는 대괄호 [ ]로 묶어 구분했다.

1장
후설의 생애

후설E. Husserl은 1859년 4월 8일, 당시 오스트리아 프로스니츠에서 3남 1녀 중 둘째 아들로 태어났다. 이해는 프랑스의 위대한 철학자 베르그송H. Bergson이 태어난 해이기도 하다. 1876년, 후설은 라이프치히대학에 입학해서 수학, 물리학, 천문학, 철학 과목 등을 수강하고, 이후 1878년부터 1881년까지 베를린대학에서 바이어슈트라스K. Weierstraß 교수로부터 수학 강의를 듣는다. 1881년, 빈대학으로 옮겨 마찬가지로 수학 강의를 더 수강한 다음, 1883년 수학적 주제의 박사논문을 작성해 박사학위를 받는다. 이후 잠시 베를린대학 바이어슈트라스 교수 밑에서 조교 생활을 한다.

이후 더 깊이 있게 공부를 하고자 다시 빈으로 돌아온 후설은 1884년부터 1886년까지 빈대학에서 그의 학문적 인생에 전환점이 될 운명적인 강의를 듣게 된다. 바로 그의 스승이 될 성직자이자 학자인 브렌타노F. Brentano의 강의를 접하게 된 것이다. 이 강의는 후에 구 체코슬로바키아의 대통령이 된, 그의 친구인 유학생 마자릭T. Masaryk의 권유로 반 호기심으로 듣게 된 것인데, 당시 철학에 대해 깊은 의미를 두지 않고 있던 후설에게 깊은 충격을 준다.

브렌타노는 당대 철학계의 큰 학문적 흐름 중 하나인 심리학주의에 기반해 철학을 새롭게 학문적으로 개혁하고자 했다. 이러한 브렌타노의 사고에 큰 영향을 받아, 후설은 철학도 하나의 진지한 학문 분야로서 엄밀한 학이 될 수 있다는 생각을 갖게 되었으며, 철학을 평생의 직업으로 택할 수 있다는 확신과 용기를 갖게 되었다. 이에 따라 수학자에서 철학자로 전향할 결심을 한다.

브렌타노의 촉망받는 제자가 된 후설은 브렌타노의 권유와 추천으로 1886년부터 1887년까지 과거 브렌타노의 제자였던 할레대학의 슈툼프C. Stumpf 교수를 찾아가 그 지도하에 연구를 지속한다. 그리고 그 결과로 1887년, 교수자격취득논문으로서 「수의 개념에 관하여: 심리학적 분석Über den Begriff der Zahl: Psychologische Analysen」이라는 연구성과가 산출된다. 이는 본래 수학자였던 후설 자신의 수학적 관심과 스승인 브렌타노의 영향 아래 심리학주의적 관점이 잘 접목된 연구성과였다.

이 논문이 발표된 해에, 후설은 빈의 개신교 교회에서 말비네 슈타인슈나이더M. Steinschneider와 결혼을 하였으며, 이보다 앞서 1886년 후설은 개신교 교회에서 세례를 받음으로써 유대교에서 개신교로 개종했다.

후설의 학문적 여정은 1891년 그의 최초의 저서인 『산술의 철학Philosophie der Arithmetik』이 출간됨으로써 본격적으로 궤도에 오르게 된다. 이 저술은 철저히 심리학주의적인 관점에서 쓰였는데, 후설은 이 책을 그의 스승인 브렌타노에게 감사의 마음으로 바친다. 그러나 그 이후 4년 동안 후설은 사상의 변화를 겪는데, 1900년에 출간된 『논리연구 I: 순수논리학 서설Logische Untersuchungen I: Prolegomena zur reinen Logik』에서 그 흔적이 역력히 드러난다. 이 책은 이전의 심리학주의적인 경향을 벗어나 오히려 이를 비판하면서 당대에 심리학주의와 쌍벽을 이루고 있던 논리주의 혹은 논리적 객관주의의 입장을 따르고 있다. 따라서 이전의 자신의 저술에 대한 부정적인 견해를 담고 있는 이 저술에는 심리학주의의 한계를 인지하면서 새로운 방향을 모색하려는 후설의 고민이 담겨 있다. 그러나 이러한 학문적 방황은 본래 수학자로서 심리적인 작용과 무관하게, 그 자체로 존재하는 이념적, 보편적인 수학의 세계를 알고 있던 후설로서는 어쩌면 당연한 것이었을지도 모른다. 그러나 이미 심리학주의에 깊이 젖어 들었던 후설은 심리학주의와 논리주의의 절충과 결합을 시도하면서 바로 다음 해인 1901년에 『논리연구 II: 현상학과 인식론에 대한 탐구*Logische Untersuchungen II : Untersuchungen zur Phänomenologie und Theorie der Erkenntnis*』를 출간한다. 여기서 논리 및 이념 그 자체의 아프리오리a priori한(선험적) 진리성과 자율적 존재성을 인정하면서 그에 상응하는 심리작용에 대해 논술함으로써 양 영역의 상관관계를 탐구하려는 시도를 하게 된다. 바로 여기서 이 상관관계에 대한 순수기술적 탐구를 '현상학'이라고 지칭하는 등 현상학에 대한 최초의 개념 규정이 이루어진다.

이러한 학문적 성과 덕분에 1901년 후설은 마침내 괴팅겐대학 원외교수로 취임하면서 교수로서의 첫발을 내딛는다. 그리고 그의 저서인 『논리연구』에 대한 관심을 바탕으로 립스H. Lipps 의 제자들로 구성된 뮌헨학파 학생들과 학문적 교류를 갖게 된다. 1902년 뮌헨학파 학생으로서 직접 후설을 방문한 다우베르트J. Daubert와 『논리연구』에 대해 토론한 것을 기화점으로, 1904년 후설은 직접 뮌헨을 방문해 뮌헨학파의 학생들에게 강의를 했다. 이를 통해 1905년 다우베르트, 라이나하A. Reinach, 바인만F. Weinmann, 슈벤닝어A. Schwenninger 등이 직접 괴팅겐에 와서 후설에게 지도를 받음으로써 일군의 현상학 연구 학술모임이 형성되기에 이른다. 1905년에는 스위스 제펠트에서 뮌헨학파 학생인 다우베르트, 바인만, 팬더A. Pfänder, 골딩어M. Goldinger 등과 함께 현상학 관련 학술토론회를 갖기도 한다. 뒤를 이어 가이거M. Geiger, 콘래드T. Conrad, 폰 힐데브란트D. von Hildebrand, 마르티우스H. C.-Martius, 셸러M. Scheler 등이 이 현상학 학술모임에 합세하고 에링J. Héring, 잉가르덴R. Ingarden, 코이레A. Koyré, 슈타인E. Stein 등의 학생이 국내 혹은 국외에서 후설의 지도를 받기 위해 괴팅겐으로 옴으로써 이 모임은 더 풍성해지고 확장된다. 후설을 찾아온 이들은 대부분 『논리연구』를 읽고 후설이 주창

하는 현상학의 새로운 정신에 큰 관심을 갖고 있었다. 이를 바탕으로 1907년, 후설 현상학을 모태로 하는 학술모임이자 학파로서 '괴팅겐 철학회'가 공식적으로 창설된다. 그리고 이해부터 현상학 학술지 창간에 대한 제안이 이루어져 가이거, 팬더, 라이나하, 셸러 등에 의해 『철학과 현상학적 연구를 위한 연보 *Jahrbuch für Phänomenologie und phänomenologische Forschung*』가 1913년 출간됨으로써 현상학 학술모임의 성과가 구체화된다.

『논리연구』의 성공과 학계의 관심 덕분에 학자로서 큰 명예는 얻었지만 교수로서 후설의 길은 그리 순탄치 않았다. 1905년 괴팅겐대학 철학부에서 후설의 정교수 승진이 부결된 것이다. 이듬해인 1906년에야 정교수 승진이 이루어지기는 했지만 이미 큰 충격을 받은 후설은 철학자로서의 자신의 위상과 존재에 대한 깊은 회의와 반성을 하게 되는데, 이에 따라 서구철학, 특히 독일철학의 중심주제인 이성에 대한 본격적인 심층적 고찰을 하게 된다. 여기서 후설은 각별히 칸트I. Kant를 집중적으로 연구하거나 참조하면서 이후 자신이 주장한 현상학의 새로운 전환점이 되었던 개념인 '초월론적transzendental'이라는 개념을 비판적으로 발전시켜 현상학에 도입하게 된다.

'초월론적 현상학'이라는 새로운 현상학의 체계와 구조를 정립하면서 방법론상이나 체계면에서 후설의 현상학은 비약적인 발전과 더불어 원숙기에 접어든다. 마침내 1913년, 초월론적 현상학을 최초로 체계적으로 소개하는 그의 주저 『이념들 I*Ideen I*』이 앞서 언급한 『철학과 현상학적 연구를 위한 연보』 창간호에 실려 발표된다. 이 저작을 통해 후설은 기존 『논리연구』와는 전혀 다른 관점에서 현상학의 모습, 즉 관념론적이고 주관주의적인 모습을 보임으로써 이제까지 후설을 따른 제자들을 당황스럽게 했으며, 그 여파로 일부는 후설을 떠나기도 한다. 그러나 후설은 이후 이 초월론적 현상학의 틀을 계속 유지하면서 오히려 평생 이를 더 강화하고 심화시키는 방향으로 나아간다. 한편 주저인 『이념들 I』이 발표되기에 앞서 1911년 『로고스*Logos*』지에 후설은 「엄밀한 학으로서의 철학Philosophie als strenge Wissenschaft」이라는 제목의 글을 발표하는데, 이는 자신의 현상학이 어떤 이념과 동기를 가지고 철학을 하는지에 대해 선명하게 밝힘으로써 다른 철학적 조류와는 구분되는 현상학의 위상과 철학적 타당성을 확고히 드러내고 있다.

1916년 후설은 리케르트H. Rickert의 후임으로 자신의 마지막 직장인 프라이부르크대학 철학과 정교수로 임명되었고, 1919년에는 학장직을 맡게 된다. 그러나 이 시기 동안 그의 가족에게는 불행이 생기는데, 두 아들이 모두 1차 세계대전에 독일군으로 참전해 싸우던 중, 차남은 전사하고(1916년), 장남은 부상을 입게 된 것이다(1917년). 또한 연이어 모친도 사망한다(1917년). 그럼에도 현상학을 대외적으로 알리기 위한 그의 열정적인 학문적 활동은 지속된다. 1922년 영국 런던에서 "현상학적 방법과 현상학적 철학"이라는 주제로 강연을 하였고, 1923년에는 일본 『카이조改造』지에 「쇄신Erneuerung. Ihr Problem und ihre Methode」이라는 제목으로 글을 기고하였으며, 1924년에는 「본질연구 및 개인윤리로서의 쇄신Die Methode der Wesensforschung/Erneuerung als individualethisches Problem」이라는 제목의 글을 발표했다. 또한 같은 해에 칸트 탄생 200주년을 기념해 프라이부르크대학에서 "칸트와 초월론적 철학의 이념"이라는 주제로 강연을 했다. 1927년에는 하이데거M. Heidegger와 공동으로 브리태니커 백과사전의 "현상학" 주제에 대해 집필을 시작했으며, 1928년 프라이부르크대학 교수직을 은퇴했다. 그 후임으로는 후설의 추천에 따라 제자인 하이데거가 오게 된다. 프라이부르크대학은 베를린대학의 교수초빙 제안을 거절할 만큼 후설에게 각별한 애정이 담긴 곳이었다.

1928년 네덜란드 암스테르담에서 두 차례에 걸쳐 "현상학과 심리학", "초월론적 현상학"이라는 주제로 강연을 했으며, 1929년 2월 프랑스 파리 소르본대학에서 두 차례에 걸쳐 "초월론적 현상학 입문"이라는 주제로 강연을 했다. 귀국하는 길에 스트라스부르크(스트라스부르)에 체류하면서 옛 제자이자 스트라스부르크대학 신학부 교수인 에링의 권고로, 스트라스부르크대학에서 같은 해 3월 두 차례의 강연을 한다. 스트라스부르크 강연은 파리에서의 강연 내용과 유사했지만 동일하지는 않았고, 타자경험 및 상호주관성의 문제에 보다 많은 비중을 두고 강연이 이루어졌다.

후설은 프랑스에서의 강연이 청중으로부터 비교적 좋은 반응을 이끌어 냈다고 판단했고, 이에 고무되어 자신의 현상학을 프랑스에 좀 더 널리 알리고자 하였다. 이를 위해 두 강연 내용을 토대로 '초월론적 철학의 근본문제에 대한 광범위한 성찰'을 주제로 하는 저작을 구상하게 된다. 그리고 이 저작에 "데카르트적 성찰Cartesianische Meditationen"이라는 제목을 붙이기로 한다.

이리하여 1929년 5월, 두 차례의 강연 내용을 기초로 조교인 핑크E. Fink와 함께 수차례의 수정 보완 및 교정 작업을 거쳐 다듬어진 독일어 최종 원고를 스트라스부르크의 에링에게 보내면서 프랑스어로 번역 및 출판을 의뢰한다. 그리고 이 원고는 1931년 에링의 추천에 따라 레비나스E. Levinas, 파이페G. Pfeiffer의 프랑스어 번역과 코이레의 감수 및 수정을 거쳐 『데카르트적 성찰Méditatione Cartésiennes』이라는 제목으로 파리에서 출간된다. 그러나 이 저작의 독일어판은 정작 많은 수정과 보완의 필요성 때문에 출간이 계속 늦어졌으며, 결국 후설 생시에는 출간되지 못하고, 그의 사후에 총 3개의 독립된 관련 글을 모아 편집한 후설 전집 1권,『데카르트적 성찰과 파리 강연Cartesiannische Meditationen und Pariser Vorträge』이라는 책의 중심 텍스트이자 B파트로서 『데카르트적 성찰: 현상학 입문Cartesianische Meditaionen: Eine Einleitung in die Phänomenologie』이라는 표제로 1950년 비로소 세상에 나오게 된다.

후설이 파리와 스트라스부르크에서 초월론적 현상학과 관련한 강연을 했던 1928년, 그의 또 다른 저작인 『형식논리학과 초월론적 논리학Formale und transzendentale Logik』이 출간된다. 이 저작은 후설 생시에 출간된 많지 않은 저작 중의 하나이며, 논리학에 대한 초월론적 현상학적 해명과 정초를 시도함으로써 초월론적 현상학의 지평을 확장하는 주목할 만한 저작이다. 1930년에는 『이념들 I』의 영역본이 출간되고, 이에 대한 후기가 『철학과 현상학적 연구를 위한 연보』에 발표된다. 뒤이어 1931년 프랑크푸르트와 베를린에서 열린 칸트학회에서 "현상학과 인류학"이라는 주제로 강연을 했다.

1933년 자신의 제자이자 후임자인 하이데거가 프라이부르크대학 총장에 취임했는데, 이미 이 시기부터 정권을 잡은 나치에 의한 유대인 탄압이 본격화되었다. 연로한 후설은 신체적으로 쇠약해지면서 힘든 상황이었는데, 나치의 탄압으로 인해 정신적으로도 이중의 고통을 겪게 된다. 대학 명예직 명부에서 공식적으로 그의 이름이 삭제되고 일체의 공식 활동이 중단되었으며, 대학 출입조차 제한을 받았다. 심지어는 저술의 출판마저 금지당했다. 또한, 외국에서 열리는 국제학술대회에 독일 철학자 대표로 참석하는 것도 허용되지 않았다. 1935년에는 뉘른베르크 법률이 공포되면서 독일시민권까지 박탈당했고, 프라이부르크대학에서의 강의권도 정지되었다. 그래서 나치의 박해를 피하도록 1933년 미국 서던캘리포니아대학에서 카 D. Carr 교수의 후임으로 후설을 모시고자 하는 초청장을 보내 후설에게 일종의 피난처를 제공하려는 제안을 하기도 했으나, 후설은 고령과 밀린 저술 그리고 공동연구자이자 조교인 핑크 등과 함께할 수 없다는 이유로 이를 거절한다. 한편으로 후설의 방대한 수기원고를 안전하게 보존하기 위해 '후설 문고'를 체코 프라하에 건립하자는 논의가 이루어지기도 했다.

이러한 상황에서도 후설은 강한 학문적 열정으로 현상학을 다듬고 발전시키기 위해 부단히 연구 활동에 매진한다. 1934년 프라하의 국제학술회의에서 "철학의 현대적 과제"에 대해 서신으로 의견을 보내 달라는 요청에 대한 4쪽가량의 원고를 작성했으나, 공식적으로 발송은 하지 않았다. 1935년 빈 문화협회의 초청으로 "유럽 인간성의 위기에서의 철학"이라는 주제의 강연을 한다. 같은 해 브렌타노학회, 프라하철학회의 초청으로 프라하에서 "유럽 학문의 위기와 심리학"이라는 주제의 강연을 했다. 1936년 1월 프라하 강연을 논문으로 작성하기 위한 작업에 착수하고, 전반부 원고를 프라하의 학술지 『필로소피아Philosophia』에 게재하도록 보낸다. 이리하여 1936년 9월, 독일 나치정부의 박해 속에서도 후설의 기념비적인 저술이자 마지막 저술인 『유럽 학문의 위기와 초월론적 현상학Die Krisis der europäischen Wissenschaften und die transzendentale Phänomenologie』 1, 2부가 『필로소피아』지에 발표된다. 이후 후설은 이 저작의 3부를 완성하고자 많은 노력을 했으나 건강 악화로 마무리하지 못하고, 그의 사후에야 이 3부가 첨가, 종합되어 후설 전집 6권으로 출간되었다.

1937년 후설은 목욕탕에서 미끄러지는 사고를 당하면서 병세가 더욱 악화되었고 자리에 누워 생활하게 된다. 그럼에도 여전히 책을 완성해야 한다는 열망을 지니고 있었으나 79세를 일기로, 1938년 4월 27일 쓸쓸하게 세상을 떠난다. 후설의 말년은 학문에 대한 열정에도 불구하고 나치의 박해 등으로 고립된 채 매우 외로웠다. 그가 은퇴한 후에, 나치의 등장으로 인해 그를 지속적으로 찾아오는 사람은 극소수였다고 전해진다. 그나마 그의 제자이자 조교였던 핑크가 임종까지 옆에서 그를 지켰다고 한다. 후설 사후에 다행히 방대한 양의 그의 저서는 벨기에 출신의 학생, 반 브레다H. L. Van Breda의 도움으로 무사히 벨기에 루뱅으로 옮겨졌고, 여기에 새로이 설립된 후설 문고에 보관됐다. 그 후 후설의 조교였던 핑크와 란트그레베L. Landgrebe가 수고 보완 작업을 통해 1950년부터 방대한 후설의 저서가 후설 전집으로 출간되기 시작했다. 지금까지도 이 작업은 여러 편집 자에 의해 계속 진행 중이다. 후설 현상학이 세상에 제대로 알려지고, 현상학자로서 후설의 학문적 위대성이 현재 인정받을 수 있는 것은 바로 이러한 기적적인 구출 작업과 정리 작업에 기인한 바가 크다고 할 수 있다.

후설의 생애는 말년에 다소의 굴곡이 있었고, 나치 정권으로 인해 위축되었으나, 전반적으로 학자로서는 비교적 성공적인 삶이었다고 평가할 수 있다. 당대에 이미 일군의 학파를 형성할 만큼 후설을 따르는 학자들이 많았고, 이들은 후설의 현상학적 정신을 공유하고 전파하고자 했다. 그러나 아쉽게도 후설의 현상학에 대한 이해는 후속 학자마다 편차를 보인다. 특히 후설 사상의 결정체라고 할 수 있는 초월론적 현상학을 이해하고 끝까지 지지하는 후속 연구자는 그리 많지 않았다. 후설의 총애받는 수제자로서 그가 후임자로 지목한 하이데거조차 후설의 초월론적 사상을 받아들이지 않았고, 결국 이로 인한 후설의 실망과 배신감은 무척 컸다. 셸러도 후설의 본질학의 이

넘만 받아들이고 그의 핵심 사상과는 철저하게 거리를 두었다. 이처럼 후설의 초월론적 현상학의 등장 이후, 그를 떠나거나 비판하는 학자들은 늘어만 갔다. 그렇기에 후설은 더욱더 자신의 초월론적 현상학의 참된 모습을 제대로 알리고자 노력했으며, 이에 대한 일면적 오해를 불식시키고자 했다. 후설이 파리에서 프랑스 학자들에게 데카르트R. Descartes와의 비교를 통해 초월론적 현상학을 적극적으로 소개하고, 이를 토대로 『데카르트적 성찰』의 독일어판을 오랜 기간의 숙고와 수정, 보완을 거쳐 신중하게 출간하려고 한 것도 바로 이러한 자신의 현상학에 대한 오해를 의식했기 때문일 것이다. 후설의 이러한 노력이 과연 성공적이었는지는 쉽게 평가할 수는 없다. 그러나 분명한 것은, 후설은 자신의 사상이 발전해 가고 다양한 변천을 겪으면서도 결코 시류나 대중적 인기에 편승하지 않고 고집스럽게 철학의 본래적 이념과 목적에 충실하면서, 순수한 철학자로서의 자세를 잃지 않으려고 노력했다는 점이다. 그러기에 후설의 사상에서는 그 누구보다도 철학자 및 현상학자의 참된 태도 및 태도 변경에 대한 방법론적 고찰이 강조되고 있다. 바로 이러한 일관된, 어찌 보면 다소 완고해 보이기까지 하는, 진지하면서도 근본적인 철학적 태도로 인해 후설 현상학은 여전히 오늘날까지도 빛을 발하고 있다. 20세기 이후, 분석철학과 쌍벽을 이루면서 서구 현대철학의 주된 방법론으로 그 중심에 서 있고, 오늘날에는 양적 연구 방법론에 대항하는 질적 연구 방법론의 핵심적 방법론으로 주목을 받고 있는 현상학의 현재의 위상은, 후설의 평생에 걸친 현상학에 대한 이러한 우직한 사랑과 꺼지지 않은 열정이 그 바탕에 놓여 있었기 때문에 가능한 것이었다.

2장
후설의 사상과 『데카르트적 성찰』

　후설의 사상은 여러 단계를 거쳐 발전과 수정 그리고 자기비
판을 반복했다. 이러한 과정을 보면 크게 두 단계, 전前 현상학
기와 현상학기로 나눌 수 있다. 전 현상학기는 후설이 브렌타
노의 영향으로 철학으로 전향하기로 결심하면서 심리학주의
적인 관점에서 수학을 정초하려는 시도로 특징지어진다. 이때
의 대표적인 저서가 바로 『산술의 철학』이다. 심리학주의란 심
리학이 모든 학문의 토대가 되어야 한다는 입장으로서 수학적,
논리적 개념이나 관념 또한 심리 작용에 근거해 여기로 환원
시켜 하나의 심리 현상으로 해명하고자 했다. 이에 따르면 심
적 작용과 무관한 그 자체로서의 독립적 관념이나 대상은 있을

수가 없다. 그러나 심리학주의에 한계를 느낀 후설은 이에 대한 반동으로 1900년에 출간된 『논리연구 I』에서 논리주의 혹은 논리적 객관주의를 지지하는 쪽으로 입장을 선회한다. 논리주의 혹은 논리적 객관주의는 순수 논리학에 기반한 학문적 정초를 염두에 두면서 심리학주의와는 반대로 심리현상과는 무관한 논리적, 수학적 대상의 자체적, 자율적 독립성과 객관성을 인정하는 것이었다. 그러나 여기까지는 아직 현상학적 단계라고 볼 수는 없다. 현상학기는 『논리연구 II』에서 처음으로 현상학을 '기술적 심리학'으로 규정하면서 자신의 철학을 대상(경험대상)과 주관적 체험(소여 방식)과의 상관관계를 해명하는 현상학적 탐구로 특징지은 다음부터 본격적으로 시작된다. 이로부터 현상학의 탐구대상이 의식체험이고, 이 체험과 상관관계를 이루는 대상성과의 관계 분석에 현상학의 주된 과제가 있음이 천명되면서 후설 현상학의 학문적 방향성이 선명하게 드러나게 된다. 현상학은 한마디로 '주관과 객관(대상)의 상관성에 대한 철학적 해명'이라고 할 수 있다.

의식주관과 대상의 상관관계를 특징짓는 현상학적 개념이 바로 지향성이다. 브렌타노로부터 이어받은 이 개념을 후설은 현상학적으로 더욱 발전시켜 단순히 의식과 대상과의 정적인 심리적 관계를 지칭하는 것이 아니라 의식작용을 통해 대상성을 구성하는 역동적인 개념으로 이해한다. 곧 지향적 관계 속에서 의식주관은 대상을 형성 내지 대상에 의미를 부여하는 역할을 하며, 모든 대상은 의식주관에 대해 하나의 지향적 현상으로 이해된다. 곧 세계는 주관에 대해 하나의 지향적으로 구성된 의미현상이며, 그런 한에서 주관과 밀접한 연관을 맺고 어떤 의미에서는 주관에 의존해 있다. 이렇게 세계를 구성하는 역할을 하는 주관을 현상학적으로 후설은 각별히 경험적, 심리적 주관과 구분해 '초월론적 주관성transzendentale Subjektivität'이라고 부르고, 이에 근거한 현상학적 철학을 가리켜 '초월론적 현상학transzendentale Phänomenologie'이라고 지칭한다. 이러한 초월론적 현상학의 체계가 확립되고 저술 속에서 그 모습을 온전히 드러낸 것이 1913년 출간된 『이념들 I』이다. 후설은 이 저서에서 초월론적 주관성에 이르는 방법과 그 주관성의 구조에 대해 상세히 언급하고 있다. 후설에 따르면 초월론적 주관성은 일상적, 세속적 주관과는 다른 것으로서 이른바 세계 속의 한 대상이 아니다. 어떤 의미에서는 세계를 초월해 있는, 극단적으로

는 세계가 없어지더라도 남게 되는 세계의 궁극적 가능 근거로
서의 존재이다. 따라서 이 주관성에 이르기 위해서는 우선 이
세계가 나와 무관히 자명하게 존재한다는 그 확고한 믿음의 힘
을 배제하고, 효력을 중지시킴으로써 이 세계와 따라서 모든
세계적 존재자의 존재성에 대한 일체의 판단을 유보시키는(괄
호 속에 넣는) '판단중지(에포케)'의 방법이 필요하다. 이 방법을 통
해 비로소 이 세계에 선행해 인식 근거로 존재하는, 곧 세계의
상관자로서 초월론적 주관성의 숨은 의미가 드러난다. 그리고
이 판단중지를 통해 이 초월론적 주관성에 이르는 것을 가리켜
후설은 한편으로 초월론적 환원transzendnetale Reduktion이라고 불
렀다.

이러한 초월론적 환원과 이를 통해 밝혀지는 초월론적 주관
성을 근거로 세계 존재에 대한 새로운 철학적 해명을 시도하
는 것이 바로 후설의 초월론적 현상학의 주된 목표이며 과제이
다. 그리고 이러한 초월론적 현상학의 체계와 구조에 대해 후
설은『이념들 I』이후로 지속적인 고민과 수정을 통해 계속 다
듬어 나가면서 주관과 세계와의 관계에 대한 현상학적 논의를
심화, 확장시켜 나간다. 무엇보다도 초월론적 주관성에 이르

는 다양한 방식들에 대한 고민이 본격적으로 이루어지기도 했다. 특히 1920년대 이후로, 후설은 이전의 역사성의 계기가 배제된 정적인 현상학과는 다른, 이른바 '발생적 현상학genetische Phänomenologie'의 방법론을 도입하면서 시간성과 역사성의 관점에서 초월론적 주관성의 구조를 입체적으로 밝혀내고 있다. 발생적 현상학의 등장과 함께 후설의 초월론적 현상학은 더 풍부해지고 그 완성도가 높아진다. 아울러 그의 후기 사상을 전형적으로 특징짓는 개념인 '생활세계' 개념의 본격적인 주제화와 함께 후설 현상학의 지평과 외연은 최대로 확장된다.

후설의 사상적 흐름의 역사는 이처럼 비현상학적인 단계에서 현상학적 단계로, 그리고 현상학적 단계의 초월론적 현상학으로의 비약 및 발전 그리고 심화로 특징지어질 수 있다. 후설은 최후의 순간까지 자신의 현상학이 하나의 종결된 것이 아닌, 여전히 지속적으로 발전해 가야 할 것으로, 말하자면 부단한 발전의 도상에 있는 것으로 이해했다. 후설에게는 현상학이 그 자체로서의 가치를 지닌다기보다는 있는 그대로의 사태를 밝혀내는 하나의 방법론으로서 더 큰 의미를 지니고 있었다. 그에게는 주어진 세계와 삶을 어떻게 왜곡됨이 없이 순수하게 철학적으로 해명할 수 있는가가 최대의 관심사였으며, 여기에 현상학이 최선의 대안이 될 수 있는 것으로 믿었다. 따라서 현상학의 방법은 주어진 사태에 맞게, 계속 발전, 진화해야 하는 것으로 받아들여졌다. 이런 의미에서 후에 현상학의 구호가 하이데거의 표현을 따라 '사태 자체로Zu den Sachen selbst'라고 이해되는 것은 적절하다고 볼 수 있다. 그렇기에 후설은 이미 현상학의 초기에서부터 현상학의 기본 태도는 어떤 편견이나 가설을 설정하지 않는 '무전제성의 태도'여야 한다고 강조하고 있다. 중요한 것은 방법이 아니라 존재 자체라는 것이다. 어떤 기존의 이론이나 편견에도 오염되지 않은 순수한 존재, 참된 세계 자체를 드러내기 위해서는 우리가 어떻게 해야 할까를 끊임없이 고민한 끝에 후설은 바로 초월론적 현상학이 이를 가능케 한다고 믿었다. 그렇기에 후설은 유달리 '순수'라는 표현을 즐겨 사용하며 단순한 의식이나 현상학이 아닌 순수 의식, 순수 현상학이라는 명칭을 자주 사용하였다.

우리가 이 책에서 다루어야 할 후설의 『데카르트적 성찰』은 바로 후설의 초월론적 현상학이 그 정점에 이르는 시기의 저서이다. 물론 이 저서는 후설 생전에 후설이 의도한 바와 같은, 하나의 완결된 독일어판으로 출간된 것은 아니었다. 그러나 이 책의 사실상의 바탕이 되는 1929년 프랑스에서의 강연에서, 또 바로 뒤이어 출간된 프랑스어판 책에서, 당시의 후설 사상의 핵심적 틀과 구조는 이미 충분히 드러나고 있다. 최종적으로 후설 사후인 1950년 후설 전집 1권으로 편집되어 출간된 이 책에서는, 물론 이전의 프랑스어판이나 프랑스 강연에서의 기본 내용과 큰 차이는 없지만 생전에 출간된 독일어판에서는 제대로 드러나지 않은 초월론적 주관성의 역사성과 현상학적 상호주관성이라는 새로운 주제가 본격적으로 다루어지고 있다는 점에서 후설 현상학 연구에서 큰 의미를 지닌 저서로 주목을 받게 된다. 『데카르트적 성찰』은 이처럼 원숙 단계에 이른 후설 사상의 중심을 관통해 후설 현상학의 진면목을 일목요연하게 보여 주는 저서로 볼 수 있다.

3장
『데카르트적 성찰』 출간 동기와 배경

　『데카르트적 성찰』이 출간된 계기는 후설이 1929년 2~3월에 파리와 스트라스부르크에서 각각 행한 두 차례의 강연이었다. 후설은 두 차례의 강연을 계기로, 이제까지 자신이 규명하고 분석한 초월론적 현상학의 중심적 내용을 일목요연하게 정리하고 철학계 및 대중에게 알리는 저술을 출간할 필요성이 있다고 느끼게 되었다. 그래서 우선은 프랑스어로, 그다음에는 독일어로 출간할 생각을 하게 되었다. 여기에는 초월론적 현상학이 아직은 대중에게 덜 알려져 있고, 더구나 후설이 이미 오래전인 1913년 그의 주저인 『이념들 I』을 통해 초월론적 현상학의 광범위한 체계에 대해 서술하는 글을 발표했음에도 불구하고,

일반 대중에게 여전히 자신은 이러한 초월론적 현상학의 정립 자로서가 아니라 전 현상학기인『논리연구 I』의 저자로, 말하자 면 심리학주의에 대한 비판자이자 이에 대한 대안 제시자로 더 잘 알려져 있다는 사실 또한 많은 영향을 끼쳤을 것이다. 즉, 초월론적 현상학이 세상에서 잘 받아들여지지 않고 있거나 잘못 전달되고 있지 않은가 하는 우려와 염려가 그 바탕에 깔려 있었던 것이다. 그러기에『데카르트적 성찰』의 기초가 된 1929년 파리에서의 강연 제목 또한 "초월론적 현상학 입문"으로서 초월론적 현상학을 학계 및 대중에게 그 기초부터 제대로 소개하고자 하였던 것이다.

물론 프랑스에서 강연하면서 큰 환대와 예상치 못한 청중의 많은 관심을 받은 것이 후설에게는 적지 않은 자극과 격려가 되었을 것이고, 이것이 그의 초월론적 현상학을 저서를 통해 체계적으로 널리 알려야겠다는 생각을 굳히게 된 결정적인 계기로 보인다. 당시의 상황에 대해 강연에 동행한 후설 부인은 강연 후, 후설 제자인 잉가르덴에게 보내는 한 편지에서 "파리와 스트라스부르크(강연)에 대해서 이는 기대하지 못한 성공이었다고 말할 수 있다"(xxv)고 회고하면서, 무엇보다도 당시 강연에 참석한 한 프랑스 학자가 "후설과 더불어 헤겔G. Hegel 이후 독일철학의 하나의 새로운 고전적인 부흥이 이루어지고 있다"라며 후설에 대한 극찬을 전했다고 한다. 아울러 이 강연에 주프랑스 독일 대사가 직접 참석하고, 이후 후설 내외를 대사관으로 초빙하여 저녁 식사 자리를 갖는 등 공식적인 큰 환대를 받았다. 그리고 파리 강연 후 귀국길에 이루어진 스트라스부르크에서의 강연에서는 참석자들과 깊은 학문적 토론이 거의 매일 밤늦도록 이어질 만치 청중의 관심이 높았다고 한다. 프랑스에서 이처럼 높은 관심과 환대를 받은 후설은 아마도 자신을 초대한 프랑스 학계에 보답하는 의미로, 프랑스어판 현상학 입문서를 출간하고 싶다는 생각을 가졌을 것으로 쉽게 추측된다.

그러나 이러한 표면적인 이유 외에도, 한편으로 후설 자신의 현상학에 대한 자부심과 사명감 등이 저서 출간 결심에 큰 영향을 미쳤을 것으로 보인다. 후설은 현상학이 초월론적 현상학으로 구체화되고 심화되는 과정에서 많은 숙고의 과정을 거치게 되며 쉽게 만족하기보다는 항상 초심자의 마음으로서 초월론적 현상학을 보다 세련된 형태로 만들기 위해 부단히 노력했다. 그러기에 현상학은 후설에게 부단한 진행과 발전 과정에 있는 학문으로 여겨졌다. 그러나 이 말은 후설 현상학이 어떤 지향점과 목표가 없다는 것은 결코 아니다. 후설은 이미 「엄밀한 학으로서의 철학」이라는 제목으로 1911년 『로고스』지에 발표한 글에서 이제까지의 어떤 철학도 엄밀학의 이념을 실현한 적이 없다고 단언하면서 엄밀학의 이상과는 거리가 먼 당대의 철학적 조류에 대해 강한 비판적 입장을 취했다. 후설의 생각으로는, 자신의 현상학은 바로 이러한 엄밀학의 이상에 적합한, 혹은 이를 지향하는 철학으로서 엄밀학의 이념을 실현할 수 있는 참된 자격을 갖추고 있다고 보았다. 현상학을 통해 이러한 엄밀학으로서의 철학의 위치에 이르고자 하는 노력은 평생 계속되었으며, 그의 사상 중반기에 이르러 체계가 잡히기 시작한 초월론적 현상학은 엄밀학의 이상에 가장 근접한 철학적 체계라고 할 수 있다.

사실 후설은 데카르트와 마찬가지로 기존의 모든 학문적 체계를 완전히 뒤집어엎고, 전적으로 새로운 출발점에서 완전히 새롭게 시작하고자 했다. 기존의 학문은 엄밀학의 이상, 정확히는 철학의 본래 이념에 적합지 못한 것으로 여겨졌기 때문이다. '엄밀학'이란 데카르트와 유사하게 절대적으로 의심할 수 없는 확실한 철학적 출발점을 찾아 여기에 진리의 근거를 두고, 이에 근거해 철학을 정립하고자 하는 학문이다. 후설은 바로 초월론적 주관성이 이러한 확실한 진리성의 근거가 될 수 있다는 확신에서 이것의 철학적 정당화에 심혈을 기울인 것이었다.

그러나 이러한 후설의 작업은, 그의 강한 확신과는 달리, 많은 난관에 부딪히고 주위 학자들의 의혹과 저항을 감수해야만 했다. 이와 관련해 후설은 『데카르트적 성찰』 독일어판을 준비하던 1930년경 잉가르덴에게 보내는 편지에서 스스로를 자책하며 "도대체 내가 체계적인 기획 속에서 (유감스럽게도 그렇게 말할 수밖에 없지만) 초월론적 현상학의 형성에 이르는 데 그토록 늦었고, 따라서 편견 속에 빠져 헤매고 있는 한 세대가 현존해 있다는 사실은 참으로 불행한 일이다"(XXVII)라고 했다. 그러나 그럴수록 후설은 자신의 초월론적 현상학에 대한 강한 믿음을 토대로 당대의 상황을 '철학에서 전대미문의 위기 상황'으로 진단하면서 자신의 초월론적 현상학만이 이러한 위기를 극복할 수 있다는 생각을 강하게 갖게 된다. 그러므로 이러한 생각을 보다 많은 사람과 공유하고자 노력하는 동시에 철학자로서 자신에게 주어진 하나의 사명으로 여기게 된다.

이러한 후설의 현상학에 대한 자기 확신과 참된 철학을 수호하고자 하는 마음은 그의 현상학이 점차로 심화, 발전되면서 더욱 강해졌을 것이다. 특히 1920년대를 전후해서 후설의 현상학은 종래의 '정적 현상학'의 틀을 벗어나 '발생적 현상학'의 관점에서 역사성을 전제로 한 주관성과 그 상관자인 세계에 대한 역동적인 분석을 하게 된다. 이와 더불어 모나드, 생활세계, 수동적 종합, 상호주관성, 상호문화성, 세대성 개념과 함께 더 다면적이고 풍부한 철학적 해명을 시도한다. 무엇보다 사랑과 공감 등의 개념을 통해 윤리학에 대한 깊은 논의가 이루어진다. 이와 같은 다양한 철학적 주제에 대한 해명을 통해 후설은 초월론적 현상학을 바탕으로 이 세계의 모든 존재에 대한 철학적 해명이 가능하며, 따라서 현상학이 모든 다른 학문의 토대이자 이를 포괄하는 보편학으로서의 이념을 실현할 수 있다는 확신을 갖게 된다.

따라서 『데카르트적 성찰』을 출간하게 된 내적 배경으로 이 책의 독일어판 편집자인 슈트라우스는 후설에게 내재한 두 개의 서로 대립된 경향을 지목한다. 즉 "한편으로는 자신의 철학

적 인식의 전 영역을 하나의 체계적인 통일성 속에서 요약하려
는 욕구, 다른 한편으로는 대단히 중요한 것으로 여겨졌던 [이
전의 자신의] 모든 총체적 [철학적] 해명을 다시금 시대에 뒤떨
어진 것으로 보이게끔 하는 자신의 직관의 부단한 진보"(XXIX)
라는 두 경향이 바로 그것이다.

　이와 같이 현상학이 한창 사상적으로 발전하고 원숙해지는
시점에서, 또 이를 체계적으로 정리해 외부에 알리고자 하는
마음이 점차 강해져 가는 시기에, 1929년 프랑스 철학회의 초
청으로 이루어진 파리 강연은 후설에게는 아주 좋은 기회로 다
가왔을 것이다. 그렇기에 후설은 이 강연 직후, 흔쾌히 강연 내
용을 기초로 집필에 들어가 출판을 하도록 허용한다. 프랑스
파리에서의 강연은 후설에게는 매우 뜻깊은 것이기도 했다. 강
연 장소가 우연히 소르본대학 '데카르트 강의실'이었고 데카르
트는 후설의 초월론적 현상학의 형성에 큰 영향을 끼친 인물이
기 때문이었다. 후설과 데카르트는 기존의 학문적 틀과 방법론
을 일단 배제하고 철학을 완전히 새로운 방법론적 토대 위에서
시작한다는 점과, 이 새로운 출발점을 의식에서 찾으면서 궁극
적으로 이를 바탕으로 하는 하나의 보편학 체계를 추구한다는

공통점을 지닌다. 그러기에 후설은 자신의 강연에서, 그리고 그의 『데카르트적 성찰』에서 자신의 현상학에 영감을 준 프랑스의 위대한 철학자인 데카르트에 대한 감사와 존경의 말로 서두를 시작한다. 물론 후설은 데카르트의 공적을 인정하면서도 여전히 그의 한계를 지적하고 자신의 초월론적 현상학과의 차별성을 강조한다. 바로 이러한 데카르트와 자신의 사상적 공통점과 차이점이 현상학의 핵심적 특징일 수도 있기에, 이 프랑스에서의 강연은 그에게 각별한 의미를 지니고 있었을 것이고, 또한 자신의 현상학을 제대로 소개하기에 아주 좋은 기회로 받아들여졌을 것이다. 이러한 여러 사항이 복합적으로 작용해 후설은 큰 고민 없이 이 강연을 토대로 한 자신의 저서를 『데카르트적 성찰』이라고 이름 붙였을 것이고, 수차례의 교정과 검토를 거치기는 했지만 —평소의 후설답지 않게— 지체 없이 곧장 원고를 보내 프랑스에서의 출간을 서둘렀을 것이다.

『데카르트적 성찰』이라고 이름 붙인 이 저서에 대한 후설의 애정은 그 당시 상황으로 보면 각별한 것이었다. 특히 이 책의 프랑스어판 원고를 넘긴 후, 곧장 독일어판 출간을 준비하는 과정에서 후설은 이 책의 독일어판 출간에 대해 비장함과 아울

러 강한 사명감을 드러낸다. 1930년 3월 제자인 잉가르덴에게
보내는 편지에 이러한 심정이 잘 표현되고 있다.

　"나는 『데카르트적 성찰』의 독일어판 작업을 연기해서는 안 되
네. 왜냐하면 이 책은 나의 일생의 주저이자 나에게서 싹터 발전
해 나간 철학의 기본 틀을 보여 주고, 방법과 철학적 문제론의 토
대가 되는 작품이기 때문이네. 최소한 내게 이 책은 일종의 종결
이자 내가 옹호해 온, 그리고 이것만 충족된다면 내가 편안하게
죽을 수도 있는 궁극적 명료성으로 이해되네. 그러나 보다 중요
한 것은, 이 저작을 통해 내가 현재 독일철학이 처해 있는 위기
상황에 결정적으로 관여하는 것이 나의 천직(소명)임을 의식하고
있다는 것이네." (XXVII, 재인용)

주지하다시피 후설의 『데카르트적 성찰』의 프랑스어판 출간
은 독일어판 출간보다 먼저 이루어졌으며 신속하게 진행되었
다. 프랑스 철학자인 데카르트의 이름을 딴 제목으로 책이 출
간되고, 그 기폭제가 된 것이 프랑스에서의 강연이었으니 프랑
스어판이 먼저 출간된 것은 어느 정도 이해할 수 있다. 뒤에서

언급하겠지만, 후설의 이 저작은 총 5개의 성찰로 이루어져 있으며, 6개의 성찰 편으로 이루어진 데카르트의 저작인 『제1철학에 대한 성찰*Meditationes de prima philosophia*』과 유사하기도 하다. 그러므로 프랑스 국민에 대한 예우 차원에서 아마도 프랑스어판 출간을 먼저 생각했을 수 있다. 그러나 후설은 프랑스 강연에서도 독일어로 발표했고, 독일어 원고를 준비했다. 다만 청중을 위해 불어 요약문을 미리 배포했다고 한다. 게다가 앞의 인용문에서도 엿볼 수 있지만, 『데카르트적 성찰』의 독일어판이 그에게는 보다 중요한 의미를 지니고 있었고, 그러기에 프랑스어판 출간을 결심하면서 이미 독일어판 출간을 고려했음에도 출간을 매우 신중하게 접근했다.

그러나 앞서 언급한 것처럼 『데카르트적 성찰』의 독일어판은 결국 후설 생전에는 출간이 이루어지지 못했다. 후설은 독일어판에 매우 큰 의미를 부여하고 이 책의 출간을 위해 심혈을 기울였다. 사실 후설은 프랑스어판 출간이 이루어진 1931년, 이미 독일어판도 출간할 계획을 세우고 이 기간 내에 출간하기를 희망했다. 그러나 프랑스어판에 만족을 못하고 있었던 바람에 계속해서 수정 작업이 이루어졌다. 이 작업을 후설은 조교인 핑크와 공동으로 진행했으며, 핑크에게 상당한 전권을 부여하기도 했다. 그래서 『데카르트적 성찰』은 본래 5개의 성찰로 구성되어 있었는데, 방법론에 대한 논의를 중심으로, 핑크의 구상에 따라 —후설의 동의 아래— 제6성찰이 추가되기도 했다. 이에 따라 후설은 1932년 제6성찰을 포함한 새로운 형태의 『데카르트적 성찰』을 핑크와 공동저자로 출간할 생각을 하기도 했다.

이렇게 독일어판 『데카르적 성찰』의 수정 및 보완 작업에 후설이 각별히 공을 들인 이유는 이 저작을 자신의 이제까지의 현상학적 사상을 총정리해 세상에 제대로 알릴, 일생일대의 최대 저작으로 여겼기 때문이었다. 특히 여기에는 앞서 말한 바와 같이 —이는 이미 프랑스에서의 강연 전부터 감지하고 있었고, 또한 프랑스에서의 강연을 적극 수용하게 된 계기일 수 있다— 당대의 여러 철학적 조류에 맞서 현상학의 정당성을 제대로 인정받고 참된 이해를 도모하고자 하는 의도가 크게 작용했을 것이다. 1930년 『철학과 현상학적 연구를 위한 연보』에서 후설은 제자인 하이데거가 자신의 초월론적 현상학을 제대로 받아들이지 않았다는 실망감과 더불어 현상학을 심지어 왜곡 내지 오해하고 있다고 강하게 비판했다. 이를 시작으로 1931년경에는 셸러의 영향 아래 자신의 현상학이 또한 주변으로부터 많은 오해를 받고 있다고 여기면서, 이러한 오해를 피하기 위해 『데카르트적 성찰』 독일어판은 크게 수정되어야 할 것이라고 언급하기도 했다.[1] 그러므로 후설의 『데카르트적 성찰』 독일어판은 많은 부담감을 지닌 채, 즉 자신의 현상학이 제대로 이해되지 못하는 주변의 안타까운 상황을 의식하면서 극도로 신중을 기해 출간되어야 했다. 이것이 후설로 하여금 독일어판 출간에 그렇게 정성을 들이고 관심을 가진 주된 이유일 것이다.

그러나 아쉽게도 여러 일정으로 인해 『데카르트적 성찰』 독일어판은 계속 출간이 미루어지고, 프랑스어판에 이어 1931년 곧 출간될 것으로 기대했던 것이 1933년까지 미루어졌다. 그러나 나치가 정권을 잡은 운명적인 1933년 이후, 이 책의 출간을 위한 모든 계획이 중지되고 좌절될 수밖에 없는 상황에 이른다. 후설의 공식적인 저술 활동이 유대인이라는 이유로 제한을 받기 시작했기 때문이었다. 그러므로 후설은 『데카르트적 성찰』의 독일어판의 출간을 유보하고 더 절박한 문제로 여겨진 "유럽 학문의 위기와 현상학"이라는 더 강력하고 선명한

메시지를 담은 저술 작업에 착수한다. 그리고 이를 결국 독일이 아닌 체코 프라하에서 1936년 발간하기에 이른다. 반면, 독일어판 『데카르트적 성찰』은 후설 사후 10여 년이 지나서야 후설 전집이 시리즈로 출간되면서 비로소 책으로 출간된다. 중요한 것은, 이 저술 원고는 후설 전집 1권의 일부(이 책의 B파트)로, 시리즈 중 제일 먼저, 1929년 파리에서의 독일어 강연 원고(이 책의 A파트), 프랑스어로 쓰인 강연록 개요(이 책의 C파트) 등과 함께 출간된 것이다. 여기에 실린 『데카르트적 성찰』은 곧 1929년 이 책의 프랑스어판 출간 및 번역을 위해 스트라스부르크로 보낸 독일어 원문이다. 여기에는 이전의 후설 저작에서 볼 수 없었던 새롭고 중요한 내용이 많이 담겨 있는데, 대표적인 것이 바로 '타자경험'과 '상호주관성'에 대한 것이다. 단행본으로서 후설의 상호주관성에 대한 생각은 바로 여기에 가장 잘 집약되어 있다. 그리고 이 주제는 후설 현상학에서 가장 큰 논란을 불러일으킨 것이기도 하다.

4장
『데카르트적 성찰』의 체계와 내용

이제 이 책에서 우리가 본격적으로 다루고자 하는 『데카르트적 성찰』은 엄격히 말해 하나의 독립된 단행본으로서가 아니라 『데카르트적 성찰과 파리 강연*Cartesiannische Meditationen und Pariser Vorträge*』이라는 제목의 후설 전집 1권 저서의 일부(B파트)를 이루는 것으로, 그것도 후설 자신이 아닌 편집자의 의도에 따라 재구성되어 출간된 것이다. 그럼에도 불구하고 이는 내용이나 분량상 이 책의 가장 핵심적이고 중요한 부분을 이루며, 사실상 이 후설 전집 1권을 대표하고 상징하는 것으로 받아들여진다. 그러므로 통상 이 내용은 대체로 『데카르트적 성찰』을 가리키는 것으로 『성찰』 혹은 *CM*이라 부르기도 한다.

이 저작은 부제가 '초월론적 현상학 입문'이라고 되어 있는 만큼, 후설 사상의 중심 체계인 초월론적 현상학의 특성과 구조 그리고 그 이념을 소개 및 설명하는 방식으로 구성되어 있다. 이 책은 서문과 결론부를 제외하고 총 5개의 성찰Meditation로 이루어져 있는데, 이는 앞서 언급한 것처럼 데카르트의 『제1철학에 대한 성찰』의 형식을 의도적으로 본뜬 것으로 보인다. 데카르트가 이 저서에서 각 성찰을 하나하나 정리해 가면서, '생각하는 나'로부터 세계 존재의 입증에 이르기까지 단계적으로 논의를 진행해 가는 것처럼 후설 또한 자신의 저서에서 초월론적 주관성으로부터 세계 및 타자의 해명으로 나아가는 식으로 논의가 구성되어 있다. 특히 후설은 제5성찰 부분에서 타자 및 상호주관성의 초월론적 해명을 다루면서 여기에 상당한 비중을 두고 있는데, 비율로 따지면 거의 제1~4성찰을 모두 합친 것만큼의 분량을 차지하고 있다.

『데카르트적 성찰』은 서문 2절, 본문 60절, 결론 2절의 총 64절로 구성되어 있다. 본문은 모두 5개의 성찰로 이루어져 있으며, 제1성찰 3~11절, 제2성찰 12~22절, 제3성찰 23~29절, 제4성찰 30~41절, 제5성찰 42~61절 등으로 구성되어 있다. 각 부분의 대략적 내용은 다음과 같다.

서문에서 후설은 프랑스의 대표적인 철학자이자 이 책 저술에 동기를 부여한 데카르트를 언급하면서 데카르트가 자신의 현상학에 끼친 영향과 의미 그리고 그의 사상과 자신의 사상의 공통점을 지적한다. 가장 큰 공통점은 "절대적으로 정초된 학으로의 철학의 완전한 개혁"(43)을 추구하면서 "이제까지 모든 타당하다고 여겨져 온 학문의 전복"(44)을 꾀한다는 점이다. 그럼으로써 "철학적 자기책임성의 근본주의의 정신"(47)에 따라 철학을 완전히 새롭게 시작한다는 자세로 "스스로에서 산출된 최종적 명증성에 근거해 실제적인 자율성 속에서 형성되고 여기로부터 절대적으로 스스로 책임을 지는 철학"(47)이라는 요구를 충실히 수행하려는 것이다. 그리고 이러한 '철학적 근본주의'의 실현을 위한 출발점을 자기의식에서 찾는다는 점도 결정적인 공통점에 해당한다. 이러한 데카르트의 정신적 유산을 공유하면서 현상학은 '절대적 자기책임성' 속에서 근본적으로 새로이 시작하는 철학이라는 것이 후설이 서문에서 말하고자 하는 핵심적 주장이다. 이런 의미에서 후설은 자신의 초월론적 현상학을 "신新데카르트주의"(43)라고 부르면서, 현상학의 핵심적 목표라고 할 수 있는 "소박한 객관주의에서 초월론적 주관주의로의 근본적 전환"(46)에 데카르트가 결정적으로 기여했음을 밝히고 있다.

1. 제1성찰

제1성찰의 제목은 '초월론적 자아로의 길'로서 초월론적 주관성의 의미와 철학적 정당성의 근거를 현상학적 진리의 기준으로 간주되는 명증성 개념과 함께 서술하고 있다.

참된 학문으로서의 철학의 새로운 정초를 위해 절대 의심할 바 없는 확실한 출발점이 필요한데, 이를 후설은 데카르트와 유사하게 '명증적'인 성격을 지녀야 한다고 보고, 명증성의 성격과 명증성이 어떻게 확보될 수 있는지를 탐색했다. 후설은 여기서 명증성을 두 종류로, 즉 충전적 명증성과 필증적 명증성으로 구분하면서 후자에 보다 높은 권위를 부여했다. 그리고 명증성에 기반하지 않은 어떠한 학문적, 현상학적 판단도 원칙적으로 인정해서는 안 된다고 주장한다. 이때 필증적 명증성과 관련, 그 존재성이 의심받을 수 있는 외적 세계에 비해, 데카르트처럼 '생각하는 나'로 특징지어지는 의식주관, 곧 '초월론적 주관성'의 존재성은 명증적인 성격을 지닐 수 있음을 강조한다.

후설은 이 초월론적 주관성의 존재성과 이것의 명증적인 성격은 '현상학적 판단중지'라는 현상학적 방법을 통해서만 고유하게 드러날 수 있다고 보았다. 현상학적 판단중지란 자연적 태도에서의 세계존재에 대한 소박한 믿음의 힘을 일시적으로 무력화시키고 배제함으로써 객관적, (의식)초월적 세계의 존재성에 대해 이른바 "괄호를 치는 것Einklammern"(60)이다. 이로써 객관적, 초월적 세계의 일부로만 존재한다고 여겨져 온 우리 의식의 참 면모가 드러나고, 세계를 구성하고 따라서 이것의 가능근거로 존재하는 초월론적 주관성의 숨은 의미가 비로소 밝혀진다. 이런 의미에서 후설은 "판단중지는 내가 나를 자아로서, 곧 전全 객관적 세계가 이 속에서, 또 이를 통해 나에 대해 존재하는 것이라고 할 수 있는, 순수한 의식 삶을 지닌 자아로 순수하게 파악하도록 하는 근본적이면서 보편적인 방법이라고 말할 수 있다"(60)고 주장한다. 후설은 이 판단중지가 초월론적 주관성의 영역을 새로이 드러내고 이곳으로 우리를 이끈다는 점에

서, 이 방법을 한편으로 "초월론적 현상학적 환원Reduktion"(61)이
라고 부른다. 그러나 후설은 이 판단중지의 초월론적 의미를 데
카르트가 미처 깨닫지 못하고, 그럼으로써 자아를 단순히 '세계
속의 한 부분'으로 간주해 버림으로써 초월론적 철학의 핵심적
의미를 간과해 버렸다고 지적한다. 이로써 후설은 초월론적 주
관성이 세계 속의 한 대상이 아니라 오히려 세계의 초월론적 근
거로서 그 존재의미를 구성한다는 점에서 경험적, 심리학적 주
관 내지 자아와는 다르다는 점을 확고히 한다.

2. 제2성찰

제2성찰은 제목이 '초월론적 경험영역을 이것의 보편적 구조
에 따라 드러냄'으로 되어 있으며 초월론적 주관성을 이것의 보
편적, 핵심적 구조인 지향성의 원리에 따라 해명하면서 이에
근거한 현상학적 탐구가 어떤 점에서 전통적 내지 심리학적 의
식 분석과 차별될 수 있는지를 보여 주는 것이 주된 초점이다.

후설은 초월론적 주관성의 주된 철학적 역할이 인식이며, 초
월론적 현상학이 기본적으로 인식론적 관점에서 시작한다고

주장한다. 그에게서 초월론적 주관성은 "인식적으로 모든 객관적 존재에 선행하며", "모든 객관적 인식이 이루어지는 근거이자 토대이다"(66) 초월론적 주관성의 인식과정을 살펴보는 것이 따라서 현상학의 일차적 과제가 되는데, 이때 후설은 의식의 기본 구조라고 할 수 있는 지향성의 원리에 따라 초월론적 인식을 해명한다. 지향성이란 의식 및 그 대상과의 상관성을 나타내는 개념으로서, 의식은 '항상 어떤 것에 대한 의식'으로서 대상이 되는 내용을 지니고 있음을 가리킨다. 즉 지향성은 "의식작용으로서 자신의 의식대상을 그 자신 속에 지니고 있다는 의식"(72)의 근본적 속성을 가리키는 것이다. 따라서 의식작용과 의식대상과의 지향적 상관성을 해명하는 것이 현상학의 주된 목적이 된다. 그리고 바로 이러한 특징이 일반 심리학적 분석과 차이점을 구분해 주는 부분이기도 하다. 심리학은 의식작용에만 주로 관심을 집중하느라 의식내용(대상)에 대해서는 간과하게 되는데, 현상학은 양자를 모두 고려하면서 양자의 연관성을 해명하기 때문이다.

지향적으로 이해된 의식과 세계와의 관계 속에서 세계는 의식과 무관하게 존재하는 것이 아니라 초월론적 의식에 대해 하나의 지향적 대상으로, 곧 이 의식의 상관자인 의식대상으로 파악된다. 의식의 상관자인 이 대상은 의식체험을 초월해 있기는 하지만 이 체험과 연관성을 지닌 것으로서 이 체험 속에서 하나의 동일한 통일체로서 의식되는 것이다. 곧 의식내재적 통일체로서 의식 내에서의 종합을 통해 형성된 것이다.

> "흐르는 체험 속에서 자기 자신과의 동일성을 유지하고 있는 의식의 대상은 외부에서 의식 내부로 들어온 것이 아니라 의식 자체에 의미로서, 곧 의식종합의 지향적 활동으로서 함축되어 있는 것이다." (80)

여기서 문제는 어떻게 의식이 이 자기동일적인 대상을 형성하고 인식하느냐 하는 것이다. 이 과정에 대한 분석이 후설의 초월론적 지향적 분석의 핵심이 되는데, 후설은 이를 의식의 구성Konstitution 개념으로 설명한다. 우선 자기동일적인 대상이 인식되고 종합되기 위해서는 다양한 체험 속에서 의식 자신이 통일성을 이루고 있어야 한다. 후설은 이 의식의 통일성의 내적 근거를 '내적 시간의식'에서 찾으며 이를 통해 의식이 통일성을 이루고 있다고 본다. 그리고 이 통일적 의식의 상관자인 대상 또한 이에 상응해 하나의 통일적 대상으로 의식될 수 있다고 보는데, 후설은 초월론적 의식의 주된 기능은 대상을 하나의 통일체로 이르게 하는 구성의 기능에 있다고 봤다.

구성이란 외부에서 주어진 감각적 질료를 토대로 의식의 사유 및 판단작용(노에시스Noesis)을 통해 하나의 유의미한 대상을 형성하는 것이다. 그런데 후설의 구성 개념에서 결정적인 것은, 구성을 '주어진 것을 넘어서 더 많은 것을 생각함'이라는 의미에서 일종의 '지평Horizont 형성'과 같은 것으로 이해한다는 것이다. 지평이란 주어진(지각된) 실제적인 것을 둘러싼 배경과 같은 것을 가리킨다.

"지평은 앞서 제시된 잠재성이다." (82)

가령 우리는 실제로는 어떤 사물의 앞면만을 보고도 뒷면 내지 옆면까지 본 것처럼 간주하고 이 사물에 대해 판단한다. 이렇게 '장차 경험할 수 있다'라는 잠재적, 가능적 경험의 가능성을 바탕에 두고 어떤 하나의 동일한 대상에 대한 온전한 인식이 가능한 것은, 이처럼 실제 주어진 것보다 많은 것, 곧 잠재적 지평성을 더불어 생각할 수 있다는 우리 인식의 고유한 특성 덕분이다.

> "모든 실제성은 그의 잠재성을 함축하며 이는 결코 공허한 가능성이 아니라 내용적으로 그때그때의 실제적 체험 자체 속에서 지향적으로 예시되어 있고 나아가 자아에 의해 현실화될 수 있다는 특성을 지니고 있다." (81)

이러한 지평의식 없이 우리의 일상적 인식은 사실상 불가능하다. 이런 의미에서 후설은 "지평지향성"(83)이라는 표현을 쓰면서 "이 모든 의식 속에 놓여 있는 '자신[실제 주어진 것]을 넘어서서 생각함'은 의식의 본질적 계기로 고찰되어야만 한다"(84)고 말한다. 나아가 "모든 지향성의 지평구조는 따라서 현상학적 분석과 기술에 완전히 새로운 종류의 방법론을 규정하고 있다"(86)고 말한다. 그리고 이러한 지평형성으로서의 구성작용을 후설은 명증성과 연결시키는데, "의식이 대상에 대해 더 많이 생각함을 의미하고 또 반드시 그래야 한다는 것은, 명료하게 함Verdeutlichung의 가능성을 지닌 명증성임이 비로소 밝혀진 다"(84)고 했다. 결국 인식의 명증성과 명료성은 실제 주어진 것의 감각적 확실성에만 있는 것이 아니라 이를 넘어 존재를 둘러싼, 가능한 지각의 잠재성과 역사적 배경과도 결부되어 있음을 후설은 그의 지향적 구성 개념을 통해 잘 보여 주고 있다. 그리고 이러한 지향적 대상인식(구성)의 역사적, 잠재적 성격은 곧 이와 상관자인 초월론적 주관성의 역사성과 연관되어 있음을 후설은 암시하고 있다.

3. 제3성찰

제3성찰은 '구성적 문제론. 진리와 실제성'이라는 제목으로, 제2성찰을 좀 더 심화시켜 논의하고 있다. 즉, 여기서는 지향적 의식의 명증성과 관련된 주제를 다루면서 실제적, 현실적 체험에서의 명증성뿐 아니라 잠재적, 가능적 체험에 기반한 명증성에 대해 해명을 시도하고 있다. 이를 통해 외적 경험의 명증성이 갖는 특성과 한계를 언급하면서, 현실적으로는 불가능하지만 초월론적 현상학은 하나의 이념적인 가능성으로서 일종의 완전한 절대적 명증성을 부단히 지향하고 있음을 밝힌다.

명증성은 어떤 사태나 존재가 그 자체로서 주어짐을 의미하는데, 사실 이러한 명증성의 추구는 보다 명료한 의식을 지향하는 이성의 근본적 경향으로 간주된다. 초월론적 주관성이 명증적 인식을 추구하는 한, 이성은 이런 점에서 "초월론적 주관성 일반의 보편적, 본질적 구조"(92)를 가리킨다. 우리의 외적 대상에 대한 경험은 대상의 존재성과 속성을 실제적 체험 속에서 확증하는 능력으로서 개별적 명증성의 대표적인 경우라고 볼 수 있다. 개별적 외적 존재에 대한 지각 속에서 이 존재는 나름대로 명증적으로 주어진다고 볼 수 있다. 그러나 불가피하게 이 대상은 원칙적으로 우리에게 일면적으로만 주어지며, 전체가 온전히 주어지지는 않는다. 이것이 외적 경험이 갖는 근본적인 한계이다. 그런 점에서 외적 경험은 이른바 대상이 온전하게 전체적으로 주어진다는 충전적 명증성의 요소를 완전히 충족하지는 못한다. 그럼에도 하나의 실제적 외적 경험은 보다 완전한 충족 속에서 주어질 수 있는 다양한 잠재적, 가능적 지평을 함축하고 있으며 또 이를 지시한다. 곧 개개의 불완전한 명증성은 보다 완전한 명증성으로의 이행 가능성을 가리킨다.

이러한 우리 경험의 열려진 지평성의 해명 속에서 외적 세계의 존재성과 그 초월성의 의미가 밝혀질 수 있으며, 세계에 대한 경험은 항상 잠정적인 추정적 명증성으로부터 무한한 총체적 명증성으로 가는 과정 속에 있는 것으로 이해될 수 있다. 이 총체적 명증성은 개별적 대상의 명증성들이 서로 결합하면서 궁극적으로 수렴될 수 있는 "절대적으로 완전한 명증성"(98)으로서 이른바 현실화할 수 없는 하나의 이념이다. 그러나 이러한 완전한 명증성의 이념에 따라 구성 개념과 함께 명증성의 본질적 구조를 해명하는 것이 초월론적 현상학의 과제이기도 하다. 따라서 초월론적 현상학은 모든 개별적, 실제적 체험 속에 함축되고, 또 이를 둘러싼 잠재적 지평성의 전 영역을 이러한 명증성의 이념에 따라, 낮은 단계에서 높은 단계로 상승해 가면서 구성 개념을 통해 체계적, 단계적으로 해명하는 것이 주된 목표가 된다.

4. 제4성찰

제4성찰은 '초월론적 자아 자신의 구성 문제의 전개'라는 제목을 가지고, 앞서 주로 의식작용과 의식대상의 상관관계에 초점을 맞췄다면, 여기서는 초월론적 의식(주관성)의 내적 구조와 특성에 대한 해명을 중심으로 초월론적 주관성 내지 자아의 역사성에 대한 발생적 현상학의 고찰을 주된 주제로 삼고 있다.

초월론적 자아는, 형식적으로만 보면, '공허한 체험의 동일한 극pol'으로 이해될 수도 있지만, 한편으로 체험의 시간적 흐름 속에서 통일성을 이루면서 나름의 역사성을 지니고 있는 존재이다. 따라서 일종의 습성을 지닌 존재로서 자신이 산출한 대상적 의미는 사라져 버리는 것이 아니라 기억 속에서 보존되고 남게 된다. 가령 한번 확신을 갖게 된 것은 별도의 취소작용이 없는 한, 이 확신작용을 새로이 반복하지 않더라도 나에게 지속적인 타당성과 효력을 지닌 채 남아 있게 되며, 나의 습성으로서 나의 일부가 된다. 이를 바탕으로 나는 "확신하는 자아이자 이러한 머물러 있는 습성을 통해 지속하는 자아"(101)로서 모든 습성의 담지자이면서 하나의 역사적 '인격적 자아'로 구성될 수 있다.

내용이 없는 형식적인 '동일한 극' 혹은 '습성의 기체'로서의 자아와 구분해, 이러한 습성을 지닌 역사적 주체로서 풍부한 삶의 내용을 지닌 구체적, 개별적 자아를 가리켜 후설은 "완전한 구체성 속에서 받아들여진 자아"(102)라는 의미에서 라이프니츠G. W. Leibniz의 개념을 따라 '모나드Monade'라고 불렀다. 모나드적 자아의 특성은 역사적으로 형성된 자신만의 고유한 세계를 지닌다는 것이다. 정확히는 자신에 의해 의미부여 된 친숙한 대상들의 세계를 이른바 '주위세계Umwelt'로서 포괄하고 있는 것이다. 이 주위세계는 나의 습성의 상관자로서 나의 모나드의 관점에서 보이고 비추어진 친숙한 세계이다. 후설에 따르면, 자아는 "지향적 삶의 유동적인 다양성 속에서 그리고 이 속에서 사념되고, 경우에 따라 이에 대해 존재하는 것으로 구성된 대상들 속에서만 구체적일 수 있다"(102). 그리고 이를 바탕으로 "자아로서 나는 부단히 나에 대해 존재하는 주위세계를 지니고 있다"(102). 물론 이 주위세계는 현실적이고 실제적인 세계만이 아니라 잠재적인 세계, 가능세계를 포괄하는 넓은 의미로 이해된다. 이로써 "모나드적인 구체적 자아는 전 실제적이고 잠재적인 의식 삶을 두루 포괄한다"(102).

자아에 대한 이러한 여러 관점에 대한 고찰이 마무리된 후, 후설은 초월론적 자아의 본질에 대한 탐구를 시작한다. 개별적, 사실적 자아가 아닌 보편적, 형상적 자아로서 자아의 본질을 파악하는 것은, 본래 본질학을 추구해 온 현상학의 입장에 따를 때 당연한 수순으로서, 후설은 현상학의 방법인 본질직관의 방법을 토대로 사실적, 개별적 자아에 대한 본질해명을 시도한다. 곧 자아 일반에 대한 본질탐구로서 "나의 사실적 자아의 모든 순수한 가능성의 변경과 이 자체를 가능성으로 그 자신 속에 포괄하는 초월론적 자아 일반의 보편적 형상의 해명"(106)을 수행함으로써 본질학으로서의 현상학은 본질 보편성과 필연성을 획득하게 되며, 이는 현상학이 하나의 학문으로서의 자격을 갖출 수 있는 합리적 근거가 된다고 후설은 주장한다.

이러한 초월론적 주관성에 대한 본질탐구에 근거, 후설은 모든 초월론적 자아의 내적 체험을 지배하는 보편적인 원리이자 형식으로서 시간성 내지 시간의식을 제시하면서 이를 자아가 역사적 통일성 속에서 구성될 수 있는 근거로 본다. 시간성의 계기를 본격적으로 현상학에 도입하면서 후설은 이른바 '발생적 현상학'의 관점에서 초월론적 주관성을 그 역사성의 측면에서 해명한다. 초월론적 주관성의 역사성에 바탕이 되는 습성

Habitualität의 발생과 지속은 기본적으로 최초의 능동적인 앎에서 시작한다. 즉 어떤 사태에 대한 최초의 앎 내지 확신이라는 능동적 계기(능동적 발생)가 반드시 있고, 이후 이는 폐기되는 것이 아니라 하나의 습성이 되면서 자아 내부로 침전되어 언제라도 다시 활성화될 수 있는 나의 의식의 잠재적 요소가 된다는 것이다. 그리고 이는 또 다른 대상의 구성 및 인식에 자동적, 수동적으로 작용을 하게 된다. 곧 능동적 인식에는 이러한 수동적인 저차원의 의식작용이 항상 바탕으로서 작용하고 있다. 후설은 이러한 능동적 인식의 바탕이 되고, 이에 선행하는 수동적 의식작용을 가리켜 '수동적 종합'이라고 지칭하면서 이 속에서 이미 저차원의, 나름의 감각의 다양을 종합하는 인식작용이 부단히 수행되고 있음을 밝힌다. 그리고 이는 우리가 이 세계를 친숙성 속에서 습관적, 무의식적으로 받아들이는 핵심적 근거가 된다.

"자아는 언제나 이러한 수동적 종합 덕분에 (여기에는 능동적 종합의 활동 또한 개입되어 있다) 대상들의 [친숙한] 환경을 갖게 된다." (113)

우리는 아무리 낯선 것이라도 이러한 수동적 종합의 활동 덕분에 "이미 알려짐의 구조적 형식"(113) 속에서, 곧 내가 이미 알고 익숙해 있는 틀을 활용해 최대한 유형적으로 파악하려고 하는 것이다.

후설은 이러한 수동적 종합의 근거이자, 능동적 발생에 대립해 이것의 바탕이 되는, 이른바 '수동적 발생'의 보편적 원리가 되는 것으로서 '연상Assoziation'이라는 개념을 도입한다. 어떤 것과 유사한 다른 것을 무의식적으로 떠올리는 작용인 연상은 심리학의 개념으로 보통 이해되지만, 후설은 이를 초월론적 현상학의 개념으로 규정한다.

"연상은 […] 심적 마음Seele의 자료들의 복합성을 규정하는 경험적 법칙성에 대한 하나의 단순한 명칭이 아니라 […] 순수 자아의 구성의 지향적 본질법칙성에 대한 명칭, 그것도 대단히 광범위한 하나의 명칭이다." (114)

초월론적 주관성의 인식에 대한 발생적 현상학의 해명을 토대로 '초월론적 인식론'의 논의가 정리된 후, 후설은 자신의 현상학이 관념론적 태도를 취하고 있음을 다시금 분명히 했다. 모든 존재는 초월론적 주관으로 이해된 의식주관과의 상관성 속에서만 그 존재 의미를 지니는 것으로 이해된다는 것이다.

> "나에 대해 존재하는 모든 것은 나의 지향적 의식 덕분에 존재 하는 것이다." (115)

그러나 문제는, 이렇게 될 때 "어떻게 나의 개인적 의식 삶 속에서 수행된 인식이 객관적 의미를 지닐 수 있는가?" 하는 것이다. 즉 철저하게 개인의 직접적, 명증적 체험 및 직관에서 출발하고 여기에 바탕을 두고 있는 현상학의 주장이 과연 어떻게 보편타당성을 획득할 수 있는가 하는 것이 문제가 될 수 있다. 관념론적인 특성에 따라 모든 것이 초월론적 주관성의 영역 내부에 속하는 것으로 이해된다면, '초월론적 주관성의 밖'이라는 것은 무의미하다. 그렇다면 불가피하게 초월론적 주관성은 고립될 수밖에 없는데, 따라서 이런 맥락에서 후설 스스로도 "어떻게 나는 나의 의식의 섬으로부터 빠져나오고, 명증적 체험으로서 나의 의식 속에서 나타나는 것이 객관적 의미를 얻을 수 있는가"(116)라고 묻고 있다.

특히 여기서 문제가 되는 것은, 나의 초월론적 주관성과 성격상 같은, 또 다른 다수의 초월론적 주관성의 존재이다. 다른 초월론적 주관성의 존재에 대한 인식도 문제지만, 이 다른 주관성에 의해 구성된 세계가 나에 의해 구성된 세계와 견주어 어떻게 이해될 수 있는가 하는 것도 문제이다. 즉, 양자가 별도의 다른 세계가 되는 것인지, 아니면 하나의 동일한 세계로 볼 수 있는 것인지 하는 문제가 나타난다. 전자인 경우, 현상학의 진리주장은 불가피하게 상대화될 수밖에 없으므로 엄밀학을 지향하는 현상학의 입장에서 볼 때, 이 의혹은 반드시 해소해야 한다.

여기서 후설은 초월론적 주관이 다른 주관을 정당하게 구성함으로써 '초월론적 상호주관성'의 구조가 내 속에서 드러나고, 이에 근거해 공동의 상호주관적 세계를 더불어 구성한다는 논리로 이 의혹을 넘어서고자 한다.

"내 속에서, 즉 초월론적 자아 속에서, 사실인 바와 같이, 타 자
아들이 초월론적으로 구성되고, 내게 이와 더불어 구성적으로 나

타난 초월론적 상호주관성에 의해 이편에서 구성이 된 것으로서 모두에게 공통된 하나의 객관적 세계가 구성된다면, 앞서 말한 모든 것[초월론적 주관성의 외부가 무의미하다는 것]은 단순히 나의 사실적 자아에 대해서만이 아니라 내 속에서 의미와 존재타당성을 획득하는 이 사실적 상호주관성과 세계에 대해서도 타당하다.”(117)

이렇게 될 때, 후설에게 초월론적 관념론은 세계를 구성하는 초월론적 주관성의 상호주관적 성격을 정당화하는 것이자, 이러한 자신의 내적 지향성을 해명하는 체계로서 이른바 초월론적 주관성의 ‘자기해명Selbstauslegung’으로서 정당화될 수 있다.

5. 제5성찰

제5성찰은 ‘모나드적 상호주관성으로서 초월론적 존재 영역에 대한 감정이입’이라는 제목에서 잘 나타나듯이 제4성찰의 말미에서 이미 예고된 상호주관성에 대한 구체적 논의이다. 정확히 표현한다면 다른 자아의 구성과 상호주관적, 객관적 세계의 구성에 대한 현상학적, 초월론적 해명이다.

　후설은 이미 제4성찰에서도 언급했지만, 판단중지를 통해 초월론적 환원을 거쳐 드러난 초월론적 자아가 하나의 고립된 자아로 간주되고, 따라서 이에 기반한 현상학이 이른바 "초월론적 유아론transzendentaler Solipsismus"(121)으로 오해받을까 우려한다. 곧 현상학은 이 세상에 참되게 실재하는 것은 오직 나(초월론적 주관성)뿐으로서 타자를 포함해 모든 타자적인 것은 가상이거나 단지 내 속에 존재할 뿐이라고 보는 것이 아니냐는 의혹이다. 그러므로 여기서 가장 문제가 되는 것은 타자(타 자아)의 존재를 어떻게 인정할 것인가 하는 것이다. 이 타자를 다른 사물들처럼 나에 의해 구성된 하나의 지향적 대상으로만 간주하면, 타자가 대상화됨으로써 세계의 궁극적 가능근거라는 이 타자의 주체적, 절대적 성격과 세계를 고유하게 구성하는 그의 능력이 희석되어 버린다(상대화된다). 이는 불가피하게 앞서 언급한 유아론으로 귀결된다. 그런데 한편으로 타자의 이러한 주체적, 구성적 성격을 있는 그대로 인정하되, 타자에 의해 구성된 세계를 그에게만 고유한, 어쩌면 내가 전혀 접근할 수 없는 또 다른 세계로 간주해 버리면, 타자의 세계와 나의 세계라는 확고하게 구분된 두 세계가 공존하는 불합리한 상황이 발생한다. 사실 개별적 모나드로서 하나의 완결된 세계를 주장하는 후설의 초월론적 현상학의 체계는 이러한 오해를 불러일으킬 요소를 지니고 있기는 하다. 그러나 이러한 식의 오해는, 우리의 의식 영역 밖의, 의식에 의해 파악된 것의 배후에 존재하는 것으로서 그 자체로서의 실질적 세계를 인정하는 '초월론적 실재론'을 은연중 전제하기 때문이라는 것이 후설의 생각이다.

　나의 초월론적 주관에 의해 구성된 것을 넘어서는, 말하자면 초월론적 인식이 미칠 수 없는 영역을 후설은 인정하지 않는다. 그래서 물자체를 인정하는 칸트적 관념론과 자신의 관념론은 다르다고 후설은 주장한다. 그렇다면 타자의 존재 자체도 문제지만 타자에 의해 구성된 세계에 과연 어떻게 내가 접근할 수 있고, 또 어떤 방식으로 이를 현상학적으로 적절하게 정당화할 수 있는가가 하나의 어려운 문제로 등장한다. 곧 모나드로서 개개 초월론적 주관성 간의 소통과 관계 방식, 그리고 상호주관성에 대한 해명이 시급한 과제로 등장한다. 이에 따라 후설은 "어떻게 나의 절대적 자아로부터 내 속에 실제로 존재하는 것이 아니라 나에 의해 [참된] 타자로 의식된 타 자아에 이를 수 있는가"(122) 하는 물음을 던지면서 "우리의 초월론적 자아의 토대 위에서 타 자아가 드러나고 확증되는 명시적이고 함축적인 지향성"(122), 즉 이를 통해 "타 자아라는 의미가 내 속에서 형성되고, 또 일치된 타자경험이라는 틀 아래 존재하는 것으로서, 더구나 그 자신의 방식으로 그 자체 현존하는 것으로 확증되는"(122) 그러한 타자경험의 계기를 밝히고자 했다.

타자경험 내지 타자구성에서 중요한 것은, 앞서 밝힌 바와 같이, 타자를 단순한 사물로서가 아니라 하나의 고유한 주체, 그것도 세계구성의 정당한 주체로 해명하는 것이다. 곧 "이 세계에 대해 주체로서, 이 세계, 즉 나 자신이 경험하는 이 동일한 세계를 경험하는"(123) 그러한 존재로 밝혀야 한다. 그리고 이를 토대로 후설은 이 세계를 처음부터 나에게만 타당한 '사적 세계'가 아닌 타자와 공유하고 타자가 포함된 그러한 상호주관적 세계로 전제하고 해명을 시도한다.

타자구성에서 일차적 단계로 후설은 일단 나와 타자의 확고한 구분으로부터 시작한다. 이는 타자를 타자로서 인정하기 위한 발판으로서 자칫 나의 일부로 타자가 희석되는 것을 방지하는 것으로 이해될 수 있다. 이를 위해 후설은 타자성이 일체 배제된 '나의 고유영역Eigenheitssphäre'으로의 환원을 시도한다. 이 영역은 타자와 관련된 모든 의미가 배제된, 그야말로 나만의 영역이다. 나에게 고유한 것이란, 곧 "타자가 아닌 것"(131)이다. 이로써 타자와 더불어 형성된 객관적, 문화적 의미 등이 배제되고, 아무리 나중에 그렇게 밝혀진다 하더라도 '모든 사람에 대한 세계'라는 보편적 의미 등도 더불어 제거된다. 오직 남는 것은 나에게만 타당한 원초적 순수세계이다. 바로 여기로부터 타자의 의미를 차근차근 밝히려는 것이 후설의 전략이다.

일단 나만의 고유영역은 모든 타자와 공유하는 문화적 의미가 배제된 세계이므로 자연적 물체의 세계, 곧 지각세계로서의 ─자연과학적 의미에서의 자연과는 다른─ 자연이다. 이 세계 속에서 우선적으로 발견하는 것은 나의 자연적, 물체적 신체이다. 그런데 나의 물체적 신체는 단순히 물체로서 존재하는 것이 아니라 그 자체가 생동적 활동의 주체로서 느끼고 감각하는 존재이다. 이는 신체가 나의 심적 마음Seele 내지 정신Geist 등과 연관되어 하나의 의지기관 내지 감각의 장으로 기능할 수 있기 때문이다. 여기서 후설이 강조하고 싶은 것은 물체적 신체가 이렇게 생동적인 주체로 나타나는 이유는 내적으로 나의 자아와 연관성을 이루고 있기 때문이라는 것이다. 그리고 바로 이런 점에서 나는 정신과 육체가 결합된 하나의 정상적인 인간으로 활동할 수 있다.

"나의 고유하게 환원된 신체의 드러냄은 곧 이 '인간으로서의 나'라는 객관적 현상의 고유한 본질을 드러내는 것이다." (128)

곧 심리-물리적 통일체로서의 나, 인격적인 나의 의미가 여기서 드러난다. 그리고 후설은 바로 이러한 인격적 인간으로서의 나는 나의 내부에 존재하는 초월론적 주관성에 의해 구성된, 정확히는 세계화되고, 구체화된 것으로 파악한다. 곧 일상적, 인격적 존재로서의 나는 초월론적 주관성의 세계화된(객관화된) 형태로서 양자는 긴밀히 연관되어 있다.

그런데 중요한 것은 나의 원초적 자연이라는 고유 영역 속에서 타자에 속한 것으로 간주되는 것 또한 발견된다는 것이다. 바로 타자의 물리적 신체이다. 타자의 신체는 일단은 물질적인 존재로서 나에게 단순히 지각의 대상으로서 주어진다. 여기까지는 다른 일반적 물체와 차이가 없다. 그러나 나는 여기서 타자경험에 결정적으로 중요한 단서를 발견하는데, 바로 이 타자의 신체를 근거로 타자의 자아를 연관시켜 더불어 이해하는 것이다. 곧 타자를 단지 자연적 물체로만 보는 것이 아니라 바로 나와 같은 하나의 인격적 주체로 파악하는 것이다. 후설은 이것이 어떻게 가능한가를 현상학적으로 캐묻는다. 그리고 이것이 그의 현상학적 타자경험 해명의 기본 틀이 된다.

나의 고유 영역 속에서 발견되는 타자의 신체에 대한 인식은 지각을 통해 가능하다. 즉, 타자의 신체는 직접적으로 지각이 가능하다. 그러나 문제는 신체의 배후에 있는 그의 내면까지는 지각을 통해서 전혀 알 수가 없다는 것이다. 사실 타자의 신체만 보고 그것이 타자의 신체인지, 아니면 단순한 자연적 사물인지, 명백히 확인할 수 있는 절대적인 인식 방법은 우리에게는 없다. 그럼에도 우리는 그 지각된 신체만을 보고도 그것이 타자의 신체임을 금방 인지한다. 후설은 이것이 이른바 '더불어 의식됨Appräsentation'이라는 우리의 독특한 인식능력 덕분이라고 본다. '더불어 의식됨'은 앞서 지향성이 지니는 지평형성과 같은 맥락에서 이해되는 것으로서, 우리는 항상 직접 주어진 것보다 더 많이 의식하고 생각할 수 있는 의식의 경향을 지니고 있다. 이는 인간의 보편적 인식기능이라고도 볼 수 있는데, 가령 타자의 물체적 신체만 보고도 우리는 그 이상의 것을 더불어 의식한다. 이때 더불어 의식되는 것이 바로 앞서 나의 신체성에 대해서 언급한 바와 같은, 타자의 신체와 결부된 내적 의식, 즉 마음이나 정신이다. 이로써 타자를 신체와 정신이 결합된 하나의 인간이자 인격적 주체로 파악하게 된다. 중요한 것은, 바로 나와 같은 존재로, 말하자면 나와의 유비를 통해서 타자 또한 그렇게 파악한다는 것이다. 내가 나의 신체와 내적인 마음이 연관되어 있음을 인지하고 있는 것처럼 타자 또한 그러한 존재로, 곧 나와의 유사성에 근거해서 그렇게 이해한다. 이런 의미에서 타자는 "나 자신의 반영"(125)이자 "나 자신의 유사체"(125) 혹은 "나 자신의 변양"(144)이다. 물론 이는 타자가 단순히 "나 자신의 복제"(146)로서 나와 동일한 존재라거나 제2의 나라는 의미는 결코 아니다. 나와 타자는 분명히 근본적 구조는 같을지라도 엄연히 다른 존재인 것이다.

　타자를 나의 유사체로서 나와 같은 존재로 파악하게 되는 작용의 근거로 제시되는 것을 후설은 '연상작용'으로 설명한다. 앞서 초월론적 현상학의 고유한 개념으로 간주된 수동적 연상작용에 따라, 우리는 어떤 것을 보면 이와 유사한 것을 자동으로 떠올리거나 짝을 지우는 경향을 지닌다. 따라서 나의 신체가 나의 내적 마음과 연관을 이루고 있는 것에 근거해, 타자의 신체를 보는 순간, 타자의 신체도 그럴 것처럼 떠올리게 되는 연상작용이 이루어진다. 이로써 나는 타자의 신체를 그와 무관한 나 자신의 제2의 신체 혹은 단순한 물체가 아니라 타자의 신체로 바라보게 되고, 나아가 타자를 하나의 온전한 인간으로, 말하자면 나와 같은 하나의 인격적 주체로 더불어 의식하게 되는 것이다. 타자 자체는 물론 직접적으로 원본적으로 주어질 수 없지만 타자의 신체를 바탕으로 유사화하는 연상적 작용을 통해 '더불어' 의식이 될 수 있는 것이다. 후설은 이러한 타자경험의 유비적인 연상작용을 근본적으로 "내가 만약 저기에 있다면"(147) 하는 식으로 나를 타자의 위치로 전이시켜, 상상 속에서 타자의 내면을 더불어 체험하는 방법인 '감정이입Einfühlung' 작용의 틀 속에서 이해한다.

감정이입은 물론 직접적인 지각과 같은 것은 아니지만, 그렇다고 유비적 추론이나 사유작용은 아니다. 후설은 이 또한 일종의 현상학적으로 유의미한 경험으로서, 단순히 추정의 의미에서의 타자에 대한 간접적 경험이 아니라 인간으로서 행할 수 있는 타자 자체에 대한 나름의 직접적 경험으로 간주한다. 이런 의미에서 이를 "타자경험의 초월론적 이론"(124)의 방법론적 근거로 이해한다. 그러므로 이를 통해 파악된 타자는 타자의 기호나 모사물과 같은 것이 아니라 바로 타자 자신이다. 이러한 연상과 감정이입 작용을 통해 더 고차적인 단계의 타자 내면에 대한 간접적 이해 또한 가능해지면서, 타자의 초월론적 주관성의 영역과 그 기능 또한 나와의 유사성에 근거하여 인정할 수 있게 된다. 이로써 타자의 구성, 곧 타자의 모나드의 구성이 가능하다고 후설은 주장한다.

"더불어 의식됨의 방식으로 나의 모나드 속에서 타자의 모나드가 구성된다." (144)

감정이입과 연상작용에 근거해 타자의 구성 내지 타자경험에 대한 현상학적 해명이 이루어진 후 이제 본격적으로 해명해야 할 것은 나와 타자의 세계의 공동성˙내지 상호주관성을 입증하는 것이다. 여기서 우선 후설은 나의 고유영역으로 간주된 자연에 주목한다. 나의 고유영역으로의 환원을 통해 이 자연은 타자성이 배제된 오직 나만의 고유한 세계로 이해된 것이다. 그러나 여기서 타자의 신체성을 발견하고 나와의 유사성을 근거로 타자의 신체와 결부된 자아의 영역까지 더불어 의식하게 된다. 이때 중요한 것은 타자의 신체를 받아들이는 방식이다. 내게 주어진 타자의 신체성은 외적으로 보인 물질적인 측면이고, 오직 이것만이 내게 주어진 직접적인 자료이다. 그러나 나는 이를 근거로 타자의 정신적 측면까지 더불어 의식하는데, 바로 이것이 앞에서 살펴 본 타자경험의 핵심이다. 이 '더불어 의식됨'이 타자경험의 핵심이라고 볼 때, 후설은 이를 일종의 종합이라고 본다. 즉 직접적으로 주어진 것과 간접적으로 더불어 주어진(의식된) 것의 종합(혹은 결합)이다. 이를 통해 비로소 온전한 타자경험이 이루어지는 것이다.

그런데 좀 더 자세히 보면, 이러한 종합에 근거한 타자경험은 일종의 '동일화의 종합'이다. 즉, 내가 본 타자의 신체성과 타자가 자신을 바라 볼 때의 신체성이 동일화하는 종합 혹은 '종합적 일치'이다. 지향적 체험은 달라도 대상은 동일한 것이다. 사실상 양자는 동일함이 인정되어야 참된 타자경험이 이루어진다. 그렇지 않으면 타자경험은 한갓 유아론적인 상상에 불과해진다. 다만 동일한 타자의 신체가 나에게는 간접적인 방식으로 저기에Dort 있는 것으로, 타자 자신에게는 직접적으로 여기에Hier 있는 것으로 나타난다는, 주어짐의 방식만이 다를 뿐이다. 그 반대도 마찬가지이다. 곧 이 자연 속에서 나타나는 타자의 신체는 내가 보든, 타자가 보든, 동일한 것이다. 결국 "나의 원초적 영역에서의 [타자의] 물체적 신체와 타 자아에 의해 완전히 분리되어 구성된 그의 물체적 신체의 동일화"(150)가 타자경험의 기본 전제라고 볼 때, 마찬가지로 이 원초적 세계로 주어진 자연 전체 또한 이런 방식으로 나와 타자에게 동일한 자연으로 이해할 수 있다.

내가 나의 원초적 지각세계인 자연을 바라보는 방식은 지각이며, 이때 나와 타자의 신체를 포함해 대부분의 자연물을 물체적 사물로서 직접적인 현전에서 지각한다. 그런데 이 자연을 받아들이는 지각의 양태와 사물이 주어지는 방식은 다소 다를 수 있어도 나와 타자는 내용상 사실상 동일한 자연을 바라본다고 할 수 있다. 여기에는 물론 인간의 신체적 지각 능력의 보편성(정상성)에 대한 신뢰가 전제되어 있다.

"타자에 대한 지각, 나아가 객관적 세계에 대한 지각, 타자가 나와 같이 동일한 것을 본다는 지각은 비록 이 지각이 오로지 나의 원초적 영역 내에서 이루어진다고 하더라도[타자의 지각 내용을 내적으로 일일이 확인할 수 없다고 할지라도] 완전히 정당하다." (152)

나의 원초적 자연세계는 나의 관점에서 나를 중심으로 해 여기에서 지각된 것이고, 타자 또한 그의 세계를 자신의 관점에서 그렇게 지각한다. 그러나 타자의 원초적 자연은 나의 관점에서 보면 저기에 있는 것이고, 타자에게는 나의 세계가 그렇게 비춰질 수 있다. 따라서 저기와 여기라는 관점의 차이만 있을 뿐, 내가 바라보는 자연과 타자가 바라보는 자연은 동일하다. 타자의 신체적 "물체는 동일하지만 내게는 저기에 있는 것으로, 타자에게는 여기, 곧 그에게는 중심적 물체로서 주어진다. 그리고 나의 전 자연은 타자의 전 자연과 같은 것이다. 나에게 이 자연은 나의 원초적 영역 속에서 나의 다양한 주어짐의 방식들의 동일한 통일체로서 구성된 것이다"(152). 나에게도 하나의 동일한 대상이 다양한 방식과 관점에서 주어질 수 있는 것처럼 마찬가지로 하나의 동일한 자연이 나와 타자에게 다양한 방식으로 주어질 수 있다는 것이다.

이로써 후설은 하나의 동일한 세계와 다양한 나타남의 방식이라는 관점에서 상호주관적, 객관적 세계의 구성이 가능함을 주장한다. 이는 곧 직접적으로 주어지는 층과 간접적으로 더불어 의식되는 층과의 이중적 결합 내지 종합이라는 타자경험의 근본적 구조에 근거를 둔 것이다. 이러한 식의 종합적 동일화의 방식을 통해 나의 세계와 타자의 세계의 동일성 내지 상호주관성에 대한 해명이 가능해진다. 여기서 후설은 "나의 자아(그리고 나의 구체적인 자아 일반)와 타 자아, 나와 그의 지향적 삶, 나와 그의 실재성의 공존, 간단히 말해 하나의 공동의 시간형식"(156)이 근원적으로 형성된다고 주장한다. 후설은 이러한 나와 타자의 공존을 가리켜 '공동체화Vergemeinschaftung'라고 표현하기도 했다. 이때 자연은 가장 낮은 단계의 공동체화로 볼 수 있다.

자연의 공동체화를 바탕으로 이제 보다 높은 단계의 공동체화, 보다 구체적으로 표현하면 보다 높은 단계의 객관적 세계의 구성이 가능해진다. 이러한 모든 단계의 공동체화의 밑바탕에 놓여 있는 것이 모나드의 공동체이다. 후설은 나의 모나드와 타자의 모나드는 내적으로는 서로 분리되어 있는 독립된 존재이지만 라이프니츠와 달리 서로 소통하고 있다고 본다. 앞서 본 바와 같이 감정이입에 근거한 타자경험을 통해 서로에게 향해 있고, 하나의 동일한 세계를 각자 다른 방식으로 공유하고 있다. 나는 타자의 모나드의 위치로 나를 옮김으로써 타자의 모나드를 구성하고 이것이 상호적인 한, 나와 타자의 모나드 간의 공동체화가 형성될 수 있다. 이러한 모나드 공동체를 가리켜 후설은 '초월론적 상호주관성transzendentale Intersubjektivität'이라고도 부른다. 모든 객관적, 상호주관적 세계의 바탕에는 상호주관성의 성격을 지닌, 이러한 모나드 공동체가 놓여 있다. 그리고 이 모나드 공동체는 어떤 형이상학적 가설이나 원리가 아니라 직접적인 나의 체험을 통해 구성되고, 그런 범주 내에서는 나의 주관성의 상관자로서 나에 대해 존재한다. 이를 통해 개개의 모나드가 상호주관성일 수 있는 내적 근거가 드러난다.

"이[모나드 공동체]는 [⋯] 순수하게 내 속에서, 성찰하는 자아 속에서, 즉 순수하게 나의 지향성의 원천으로서 나에 대해 구성되어 있다. 그러나 이 모나드 공동체는 타 모나드라는 변양 속에서 구성된 모든 모나드 속에서 동일한 것으로, 다만 다른 주관적 나 타남의 방식 속에서 [동일한 것으로] 구성되어 있는, 그리고 동일한 객관적 세계를 필연적으로 그 자신 안에 지니고 있는 그러한 공동체로서 구성된다." (158)

후설에 따르면 모든 객관적 세계는 이러한 모나드 공동체의 객관화로 볼 수 있다. 그리고 후설은 결정적으로 이러한 모나드 공동체는 복수가 아닌 유일한 것으로서, 이에 상응하는 세계 또한 유일한 하나의 세계라고 말한다. 이로써 후설에 따를 때, 다수의 서로 양립 불가능한, 독립된 세계가 존재함으로써 발생하는 현상학에 대한 '초월론적 유아론' 혹은 '초월론적 실재론'의 의혹은 근거가 없음이 밝혀진다. 후설은 초월론적 영역에서의 이러한 상호주관성에 세속적, 일상적 상호주관성이 상응함을 주장하면서 마찬가지로 초월론적 현상학에 초월론적 태도 이전의 자연적 태도에서의 지향적 심리학이 대응하고 서로 양립 가능하다고 말한다. 전자는 다만 후자의 가능적 토대로서 그 존재 의미를 지니는 것이다.

"지향적 심리학은 그러나 초월론적인 것을, 다만 숨겨진 것일 뿐, 이미 그 자체 내에 지니고 있다." (174)

다만 심리학적인 관점에 서 있을 경우 타자성과 이에 근거한 객관성의 의미가 제대로 고려되지 않음으로써 타자경험에 대한 근본적 해명이 이루어질 수는 없다고 본다.

이와 같은 초월론적 타자경험에 대한 해명을 통해서 후설은 개개 자아가 상호주관성의 성격을 지닌다는 것을 밝혀내고, 그럼으로써 타자경험에 대한 해명은 곧 궁극적으로 나 자신에 대한 '자기해명'의 성격을 지닌다고 주장한다.

"나는 내 속에서 타자를 경험하고 인식하며, 타자는 내 속에서 구성된다. 단지 본래적인 것으로서가 아니라 더불어 의식됨의 방식 속에서 [나를] 반영하는 것으로 구성된다." (175)

그렇다고 타자가 나와 동일한 존재라거나 복사물로서 제2의 나라는 의미는 아니다. 타자는 나와 다른 하나의 참된 타자로 존재한다. 타자를 나와는 다른 존재인, 그러나 나와의 유사성을 근거로 하나의 타자로서 구성하는 것이 후설의 타자구성의 핵심적 의미이다. 이는 모든 세계적 존재의 구성에도 적용된다. 세계가 나의 지향적 대상으로 구성되었다고 하더라도 이것이 세계의 존재성을 부정하는 것은 아니다. 현상학은 단지 나의 관점에서 세계가 그렇게 주어져 있음을 밝히고 해명하는 것일 뿐이다. 바로 여기에 초월론적 현상학적 관념론의 참된 의미가 있다.

6. 결론부

결론부는 제1성찰부터 5성찰까지의 현상학에 대한 긴 설명을 마치고 이를 정리하는 단원으로서 "초월론적 경험과 인식에 대한 비판으로서의 과제"라는 제목이 붙어 있다.

초월론적 경험에 대한 모든 논의는 결국 인식비판의 과제로 수렴되며, 현상학적 인식의 타당성과 정당성에 대한 논의로 흐른다. 이는 현상학을 하나의 엄밀한 학문으로 정립하기 위한 발판이다. 현상학은 학문 내지 학문적 인식의 참된 근거를 명증성에서 찾으면서 이를 초월론적 '자기성찰'을 통해 해명하고자 한다.

"단지 하나의 근본적인 자기성찰이 있으며 그것은 현상학적
자기성찰이다." (179)

그리고 이 과정에서 드러난 초월론적 경험의 계기들에 대한
본질탐구를 통해 현상학을 본질학으로 발전시키면서 현상학은
하나의 보편적 철학으로 거듭날 수 있는 토대를 마련하게 된
다. 모나드 공동체로서 초월론적 상호주관성의 드러남은 이러
한 현상학의 보편적, 학문적 성격을 더욱 강화시킨다.

"그 자체 최초의 존재로서 모든 세계적인 객관성에 선행하고
이를 포괄하고 있는 존재는 초월론적 상호주관성이며, 상이한 형
식 속에서 공동체화하는 모나드의 총체이다." (182)

이런 의미에서 후설은 "최고의 의미에서 궁극적으로 정초된
인식으로의 필연적인 길, 같은 말이지만, 철학적 인식으로의
필연적 길은 보편적 자기인식의 길이다. 우선은 [개별적] 모나

드적 자기인식, 그다음에는 상호모나드적인 자기인식의 길이다"(182)라고 하는 동시에, "진리는 인간의 내면에 머물러 있다in interiore homine habitat veritas"는 아우구스티누스A. Augustinus의 말을 인용하면서 책을 끝맺는다.

이제 다음 장에서 이러한『데카르트적 성찰』의 체계와 내용에 대한 개요를 토대로 하여, 각 성찰의 내용을 주제별로 나누어 살펴보도록 한다.

5장
제1성찰: 명증성과 초월론적 현상학적 환원

1. 명증성의 개념

후설에게는 명증성Evidenz이 현상학적 철학의 진리기반이다. 앞서 언급한 것처럼, 현상학은 명증적 인식을 바탕으로 진리주장을 한다. 명증성이란 어떤 존재나 사실에 대한 명료하고 확실한 파악의 상태를 의미하는 것으로서, 내용이나 근거가 부족한 채 막연하고(공허하고) 불명료하게 어떤 사태를 생각하는 것이 아니라, "단순히 사실과 거리가 멀게 생각하는 방식 대신에", "사실이 그것 자체로서, 사태가 그것 자체로서 현전gegenwärtig 해 있음"(51)을 의미한다. 이런 의미에서 명증성은 사태나 대상이 있는 그대로 우리에게 생생하게 나타나고 주어져 있다는 의미에서, 곧 이것이 자신을 우리에게 스스로 내보이고 제시한다는 의미에서 '자기부여Selbstgebung'라고도 표현되며, 혹은 주관의 입장에서 사태나 대상의 '자기소여Selbstgegebenheit'로 특징지어지기도 한다.

이러한 진리규정은 어떤 의미에서 전통적인 진리관, 곧 진리대응설과 유사한 면을 보인다. '진리대응설'은 자신이 생각한 것과 사태 내지 사실이 일치하면 진리라고 본다. 후설에 따를 때, 현상학적 명증성도 "판단과 판단사태(사실 내지 사태) 자체와의 일치"(51)를 의미한다. 내가 생각하고 판단한 것과 판단의 대상이 되는 사실과 일치하고 부합하면 그것이 곧 명증성이다. 달리 말하면 주어진 사태에 부합하게 판단을 하면 명증적이라는 의미도 된다. 이렇게 보면 전통적 진리관과 큰 차이가 없는 것으로 보일 수도 있다. 그러나 현상학적 명증성은 최대한 어떤 존재나 사태가 있는 그대로, 그 자체로서 주어질 수 있는 의식의 방식이나 체험, 곧 의식주관의 내적 상태를 보다 중요하게 생각한다는 점에서 차이를 보인다.

"명증성은 가장 광의의 의미에서 [실제적] 존재자와 그러그러하게 존재하는 것[So-Seiendes: 어떠한 규정을 지닌 본질적, 가능적 존재자]에 대한 **경험**이며, 바로 그것 자체를 정신적으로 보게 됨"(52)이다. 정확히 말하면, 사태 자체가 무엇이냐는 것보다는 일단 나의 의식으로의 '사태의 주어짐'에 더 초점을 두는 것이다. 따라서 현상학은 이 사태에 최대한 가깝게, 또 사태에 충실해, 이를 편견 없이 파악하기 위해 사태가 있는 그대로, 순수하게 나에게 주어지고 나타날 수 있는 '의식 방식'이 무엇일까를 먼저 고려한다. 일단 어떤 것이 왜곡됨이 없이, 말하자면 편견 없이 나에게 주어져야 이에 합당한 판단이 가능해지기 때문이다. 이런 의미에서 현상학적 명증성은 사태에 대한 '순수한 의식체험'에 그 핵심적 의미가 있다. 의식의 순수성 내지 태도가 확보되었을 때, 비로소 명증적 인식이 가능해지며, 이때 명증적으로 "판단하는 자는 사태 자체를 [자신 안에 정당하게] 소유하고"(51) 있다고까지 후설은 말한다. 곧 "단순히 사념하는 판단은 의식에 부합하게 그에 상응하는 명증성으로의 전이를 통해 사실 내지 사태 자체로 향한다"(51).

후설은 이 명증성을 크게 '충전적充全的, adäquat 명증성'과 '필증적必證的, apodiktisch 명증성' 두 가지로 구분했다. 충전적 명증성은 어떤 사태가 고스란히 남김없이 주어지고 파악될 수 있다는 의미에서의 명증성이다. 이 경우, 엄밀하게 볼 때, 가장 대표적인 인식능력이라고 할 수 있는 사물에 대한 외적 지각은 충전적이지 못하다. 어떤 외적 사물을 지각할 때, 불가피하게 어느 한 측면만이 지각될 뿐이기 때문이다. 가령 앞면만을 지각한다면, 뒷면 옆면을 포함한 전체가 지각되지는 않는다. 이런 의미에서 후설은 이 책에서는 아니지만 이전의 저서인 『이념들 I』에서 외적 사물은 항상 음영Abschattung 지어서(그림자가 지어진 채) 일면적으로만 주어진다고 말하기도 한다. 반면, 자신의 체험에 대한 내재적 지각 속에서는 이와는 달리 음영 지지 않은 채 온전히 그 대상인 내적 체험이 주어질 수 있다는 점에서 충전적일 수 있다고 본다. 이처럼 인식에 있어서 일면적이고 불완전한, 상대적으로 불명료하고 판명하지는 않은 인식에 반해, 즉 "충족되지 않은 앞선 생각Vormeinungen이나 더불어 생각됨Mitmeinungen이라는 요소"(55)를 전혀 지니지 않는, 그야말로 완벽하게 그 대상이 주어지는 인식의 경험을 가리켜 후설은 충전적 명증성이라고 부른다.

"그[불명료성 내지 불완전성]에 대응하는 완전성의 이념은 충전
적 명증성의 이념이라고 할 수 있다." (55)

한편 필증적 명증성은 어떤 존재나 사태가 그 존재성이 전혀
의심스럽지 않고 확실한 것으로 파악됨, 즉 "절대적 의심불가
능성"(55) 을 의미한다. 한마디로 필증적 명증성은 어떤 상황에
서도 이와는 달리 존재할 수 없고, 따라서 절대로 다르게 생각
할 수 없다는 "보편타당적 필연성의 통찰"[2]을 뜻한다.

"모든 [필증적] 명증성은 이 존재의 완전한 확실성, 따라서 모
든 의심을 배제하는 확실성 속에서 '그것 자체'라는 양태로 존재
자 또는 그러그러하게 존재하는 것So-seiendes에 대한 자기파악
Selbsterfassung이다." (56)

물론 이러한 필증적 명증성에도 불구하고 이후에 명증적으
로 파악된 것이 비명증적인 것으로, 말하자면 '의심스러운 것'
혹은 '가상'으로 판명 날 수도 있다. 이는 우리의 감각적 경험에
서 흔한 일이다. 그러므로 우리의 체험 및 인식 활동에 대한 비

판적 반성을 통해 이러한 가능성까지 미리 앞서서 인식하고 고려해야 한다. 따라서 "필증적 명증성은 일반적으로 이 명증성 속에서 명증적으로 파악된, 사실이나 사태의 존재확실성만이 아니라, 하나의 비판적 반성을 토대로 동시에 '비존재를 절대로 생각할 수 없음'으로서 드러나며, 따라서 예상할 수 있는 모든 의심을 근거 없는 것으로 배제한다"(56)는 고유한 특성을 지닌다.

후설은 이 필증적 명증성이 충전적 명증성에 대해 더 높은 권위를 지닌다고 보고, 후기로 가면서 충전적 명증성보다는 이 필증적 명증성에 주로 집중했다. 이는 어찌 보면 완벽한 충전적 명증성은 확보되기가 어렵다는 현실적 인식 때문일 수도 있다. 그에 따를 때, 충전성과 필증성은 항상 동반하는 것은 아니며, 필증적이라고 하더라도 충전적이지 않은 경험 내지 인식이 존재한다. 그러나 이러한 인식은 필증적 명증성의 바탕 아래 점진적으로 충실화될 수 있는 가능성을 항상 지니고 있다.

"필증적인 것으로 통찰된 명증성이 충전적이지 않다면, 그래도 이는 최소한 하나의 인식 가능한 필증적인 내용, 곧 필증성에 따

라 단적으로 또는 절대적으로 확신할 수 있는 하나의 존재내용을 지닌다는 것은 틀림없다." (56)

2. 세계의 명증성

외적 세계는 전통적으로 철학의 주된 탐구 대상이었고, 또 이의 본질에 대한 탐구가 철학의 핵심 주제이기도 했지만, 그 존재성을 확실히 입증하기는 쉽지 않았다. 우리 지각능력의 취약성 때문이다. 외적 대상에 대해서 우리는 지각을 통해 직접적인 경험을 하고 그 현존을 확신하지만 사실 착각이나 환영의 가능성을 전적으로 배재할 수는 없다. 이러한 외적 대상의 총체인 세계는 물론 개개 대상의 현존성에 비해서는 그 존재성이 덜 의심스럽고 일상적으로는 사실 당연히 존재하는 것으로 우리는 확신하고 있다. 이제까지의 전통 철학이나 과학도 이러한 세계존재의 확실성에 대한 자명한 믿음을 토대로 발전해 왔음을 부인할 수 없다. 그러나 일상적으로 자명하다고 여기는 어떠한 것도 의심해야 한다는 철학의 기본정신에 입각할 때, 이 세계의 존재성도 의심의 대상에 포함되어야 한다. 정확히는 절대 의심할 수 없는 인식의 토대를 찾고자 할 때, 이 세계가 과연 그러한 성격을 지니고 있는가를 비판적으로 검증할 필요가 있다.

이러한 철학적 작업을 수행한 대표적인 철학자가 바로 데카르트였다. 데카르트는 외적 지각의 불확실성을 토대로 이것의 대상이 되는 세계의 존재성 또한 의심했다. 후설 또한 필증적 명증성의 이념에 따라 세계의 존재성이 이 기준에 부합하는지를 검토했고, 세계가 이를 충족시키지 못함을 주장했다. 곧 세계의 현존은 필증적 명증성을 지니지 못한다는 것이다. 보다 구체적으로는 세계의 주어짐의 방식인 외적 지각이 필증적 명증성의 성격을 부여받지 못한다고 볼 수 있다는 것이다.

"이것의 명증성 속에서 우리에게 세계가 부단히 앞서 주어지는 보편적인 감성적 경험을 명백히 당장 하나의 필증적 명증으로서 주장할 수는 없다." (57)

지각의 명증성도 문제이지만 데카르트가 지적한 바와 같이, 이 세계의 모든 현존이 '꿈'이 아니라고 말할 확실한 근거도 없는 것이다. 이런 의미에서 후설은 세계의 필증적 성격을 부인하고, "자연적 경험적 명증성의 토대 위에 서 있는 세계의 존재는 더 이상 우리에게 자명한 사실이어서는 안 되며, 단지 하나의 타당성 현상Geltungsphänomen이어야 한다"(58)고 주장한다.

3. 초월론적 주관성의 명증성

이제 가장 확실한 존재로 여겨져 온 세계가 그 존재성이 의심스러운, 말하자면 필증적 명증성을 확보할 수 없는 존재로 받아들여질 때 필증적 명증성이 확보될 수 있는 존재, 더 구체적으로는 필증적 명증적으로 주어질 수 있는 존재는 무엇일까?

여기서 후설은 데카르트를 좇아 의식체험에서 필증적 명증성의 근거를 찾으려 한다. 바로 '생각하는 나'로서 후설의, 이른바 '순수의식'은 필증적 명증성을 지닐 수 있다고 보는 것이다. 외적 세계가 그 존재성이 의심스러운 것으로 판명이 난 상태에서 우리는 더 이상 이 세계의 자명성에 바탕을 두고 필증적 인식으로의 철학적 논의를 수행할 수는 없다. 따라서 세계의 존재타당성의 효력을 일시적으로 무력화한 상태에서도 확실하게 존재하는 것으로 나타나는 것은 필증적 명증성의 의미를 부여할 수 있을 것이다. 이때 세계존재의 불확실성 속에서도 여전히 그 존재성이 의심스럽지 않은 것으로 남는 것은, 이미 데카르트가 지적한 바와 같이, 나의 의식체험이다. 내가 의식을 하고 있다는 사실만큼은 의심할 수 없으며, 이 의식체험의 담지자인 나에 대해서도 최소한 그 존재성만큼은 확신을 가질 수 있다.

후설은 이러한 초월적인 세계의 존재성을 배제하고(괄호 안에 넣고) 존재타당성의 효력을 무력화한 상태에서 남는 의식체험의 영역을 세계의 존재성보다 더 근원적이라는 의미에서, 나아가 이 세계의 존재 및 인식 근거가 된다는 의미에서 '초월론적 주관성transzendentale Subjektivität'이라고 명명했다. 후설이 규정하는 이 초월론적 주관성의 의미와 성격에 대해서는 뒤에서 보다 자세히 논의하기로 하고, 분명한 것은 세계존재를 배제한 뒤에도 남아 있는 주관성을 초월론적 주관성이라고 한다는 점에서 이는 세계에 속해 있는 세계의 일부가 아니라 세계를 초월해 있고, 앞서 말한 바처럼 세계의 가능근거로 작용한다는 것이다. 그리고 보다 중요한 것은 초월론적 주관성의 이러한 성격

부여에 이 주관성이 지니는 필증적 명증성의 성격이 결정적인 역할을 하고 있다는 점이다.

후설은 이러한 초월론적 주관성의 필증적 확실성이 반드시 또 다른 명증성인 충전성을 보증하는 것은 아니라고 본다. 초월론적 자기경험에서, 가령 기억의 경우를 보면, 모든 과거의 기억이 정확하지 않을 수 있고, 또 모든 나의 과거의 체험이 고스란히 재생되어 주어질 수 있는 것도 아니다. 직접적으로 주어진, 생생한 자기현전을 넘어서는 것은 추정적인 지평성의 영역에 놓여 있다.

"따라서 […] 초월론적 경험의 필증적 확실성은, 하나의 개방된 지평의 무규정적인 일반성이 부착되어 있는 나의 초월론적인 '나는 존재한다'에 관계한다." (62)

그러나 나의 존재의 확실성에 이러한 것이 어떠한 결정적인 영향을 미치는 것이 아니고, 초월론적 주관성의 필증적 명증성은 여전히 그 핵심에서 생생히 보존되고 있다. 다만 여기에 함축된 의식체험의 추정적 지평성의 영역과 관련해, 주관의 필증성의 효력 범위가 어느 정도까지 미치는지는 고려할 필요가 있다. 즉 초월론적 자아는 어느 정도까지 자신에 대해 기만 혹은 확신할 수 있는지, 자신의 추정적 지평성에도 불구하고 절대적으로 의심할 수 없는 자신의 요소는 무엇인지에 대해 고려를 해야 할 것이다.

4. 초월론적 판단중지와 초월론적 환원

필증적인 존재로서 나의 초월론적 주관성의 발견은 '판단중지(에포케)'라는 고유한 현상학적 방법을 통해서 이루어진다. 여기서 판단중지는 세계가 존재한다는 자명한 믿음에 대해 그 확신의 힘을 무력화시키고, 따라서 모든 세계적 존재에 대해 그 존재타당성 여부를 문제 삼지 않고(세계가 존재한다 안 한다 하는 식의 판단을 하지 않고), 말하자면 세계존재에 대해 괄호를 치는 것이다. 정확하게 말하면, 세계의 존재성에 대한 믿음을 배제하는 것이다. 물론 이것이 세계가 실재하지 않는다고 단정하거나 전제하는 것은 결코 아니다.

"이미 주어져 있는 객관적 세계에 대한 모든 태도 취함, 그래서 우선은 (존재, 가상, 가능적 존재, 추정적 존재, 개연적 존재 등과 관련해) 존재에 대한 태도 취함의 타당성의 무력화(중지함, 작동시키지 않음)를 보편적으로 실행하는 것 —또는 흔히 그렇게 말해지듯이, '현상학적 판단중지' 또는 객관적 세계에 대한 이 '괄호침 Einklammern'— 은 따라서 우리에게 무를 마주치게 하는 것이 아니다. 오히려 바로 이를 통해 우리의 것이 되는 바로서, 혹은 더 명확하게 말하면 성찰하는 자로서 나의 것이 되는 것은 모든 순수한 체험들과 순수하게 생각된 것들, 곧 현상학의 의미에서 '현상들'의 전 세계를 지닌 나의 순수한 삶이다. 판단중지는 또한 그렇게 말할 수 있는 바처럼 이를 통해 내가 나를 순수하게 파악하는 근본적이고 보편적인 방법이다." (60)

후설에게 판단중지는, 세계가 설령 존재하지 않는다 하더라도 남게 되는 궁극적 존재로서 나의 초월론적 주관성을 드러내는 방법이자, 일상적으로는 잠재되고 은폐되어 온, 혹은 일상적 주관성과 뒤섞여 제대로 그 의미가 밝혀지지 않은 순수한 나의 주관성을 해명하는 방법이다. 세계 속에 존재하는 심리–

물리적 주관성과 그런 점에서 이 초월론적 주관성은 구분되며, 후자는 전자의 순수화이다. 그런데 보다 중요한 점은 초월적 세계와 이 주관성과의 관계이다. 판단중지를 통해서 명백해진 바와 같이, 이제 세계가 근원적이 아니라 오히려 초월론적 주관성이 보다 궁극적이고 근원적인 존재로서 밝혀진다.

"따라서 사실상 세계의 자연적 존재성에 […] 그 자체로 앞선 존재로서 순수자아와 그의 사유작용이 선행한다. 자연적 존재의 토대는 그 자신의 존재 타당성에 있어서 이차적이며, 초월론적 존재의 토대를 영속적으로 전제한다." (61)

초월론적 판단중지는 곧 평상시에는 은폐된 초월론적 주관성으로 나의 시선을 돌리게 하며, 세계존재에 선행하는 순화된 나의 순수의식을 깨닫게 한다. 이렇게 나의 순수한, 혹은 본래적인 초월론적 주관성으로 되돌아가게 한다는 의미에서 후설은 이 세계존재에 대한 판단중지를 가리켜 한편으로 "초월론적 현상학적 환원"(61)이라고도 부른다. 초월론적 환원을 통해 밝혀진 초월론적 주관성에 대해 후설은 사실상 절대적인 권한을 부여한다. 이 세계는 이 주관에 의존하며 오직 이 주관을 통해서 그 의미를 지니게 된다. 뒤에서 보다 상세히 논하게 되겠지만, 세계는 나의 초월론적 주관성에 의해 구성된 하나의 '현상'으로서 그 존재성을 지니며, "모든 세계적인 것, 모든 시공간적인 존재는 나에 대해 존재한다"(60). 후설에 따를 때 "이 세계는 나에 대해 일반적으로 그러한 사유작용 속에서 의식되고 내게 타당한 세계 이외에 다름 아니다"(60). 곧 이 세계는 오직 초월론적 주관성의 상관자로서 그 존재타당성을 지님이 밝혀지는 것이다.

5. 데카르트 철학의 한계

이 책의 서두에서도 후설이 밝히고 있지만, 후설의 현상학은 그 출발점에서 데카르트 철학과 유사한 방법적 태도를 취하고 있다. 당대의 철학에 대한 비판적 태도와 기존의 틀을 완전히 넘어서서 전혀 새로운 기반 위에서 철학을 시작하려는 혁신적인 태도는 후설의 현상학이 그대로 따르는 부분이다. 그리고 '방법적 회의'를 통해 세계의 존재성에 대해 의심하고 이를 바탕으로 의식의 존재의 확실성을 이끌어 내는 방식은, 후설이 판단중지를 통해서 필증적 명증성을 지닌 것으로 간주된 초월론적 주관성의 존재를 도출하는 방식과 매우 유사하다. 그러나 이러한 유사성에도 불구하고 데카르트 철학은, 후설의 시선에서 볼 때, 그의 현상학과 큰 차이점과 함께 결정적인 한계를 드러낸다.

우선 데카르트는 방법적 회의를 통해서 철학의 절대 확실한 출발점으로 삼은 사유하는 나의 존재, 즉 의식주관을 여전히 세계의 일부로, 곧 "세계의 작은 조각Endchen"(63)으로 간주함으로써 세계의 궁극적 가능근거로서의 초월론적 주관성의 절대적 의미를 제대로 파악하지 못했다. 데카르트는 자아를 단순히 사유적 실체 혹은 영혼으로 삼으면서 이를 철학적 추론의 출발점으로만 간주했다. 이는 그가 사용한 방법적 회의에 내재한 참된 철학적 의미, 곧 "초월론적 판단중지의 순수한 방법적 의미"(70)를 간과했기 때문이다. 그럼으로써 후설은 데카르트가 결과적으로 "이치에 맞지 않는 초월론적 실재론transzendentaler Realismus의 […] 원조"(63)가 되었다고 비판하면서, 그가 초월론적 철학의 방향성을 잘 제시했음에도 불구하고 참된 초월론 철학의 문 앞에서 좌초하면서 결국 여기에 진입하지 못한 것을 못내 아쉬워한다.

6. 초월론적 자아와 심리학적 자아

후설의 눈에 데카르트가 좌초한 이유는 결국 초월론적 자아의 순수한 성격, 말하자면 초월론적 자아와 경험적, 심리학적 자아의 근본적 차이점을 정확히 파악하지 못했기 때문이다. 판단중지를 통해 도달된 자아는, "세계의 한 부분이 아니며"(64), "'나는 존재한다, 나는 생각한다'라고 말할 때, 이는 '인간으로서의 내가 있다'라는 것을 의미하는 것이 더 이상 아니다"(64).

초월론적 주관성의 참된 성격은, 세계와의 관계 속에서 세계의존적이 아니라 반대로 세계를 초월해 오히려 세계에 의미를 부여하는 세계존재의 타당성의 근거라는 데 있다. 그리고 이는 결코 세계의 일부로 간주되는 일상적인 경험적, 심리학적 주관성이 지니지 못하는 성격이다.

"판단중지 속에 존재하고 머물러 있으면서 오로지 모든 객관적 타당성의 '타당성 근거'로서 그리고 그 토대로서 정립된 성찰하는 자아인 내초월론적 자아]에 대해 따라서 심리학의 의미에서 어떤 심리적인 자아, 그리고 심리-물리적 인간의 구성요소인 심리학적 의미에서의 심리적 현상이란 존재하지 않는다." (64-65)

현상학적 판단중지를 통해 드러난 나는 곧 심리학적 영역에 바탕을 둔 자연적 인간인 나와는 차원을 달리하며, 나에 대해 존재하는 모든 대상은 이제 그 의미와 존재타당성을 오로지 초월론적 자아인 나로부터 이끌어 낸다. 그러나 이것이 내가 세계의 한 부분이 아니듯이 모든 세계적 존재가 내 속에 실제로 내실적으로reel, 마치 나의 체험의 일부와 같은 존재로서 존재한다는 것을 의미하지는 않는다. 세계는 나의 내실적인 의식영역을 초월해 존재하되, 다만 나의 지향적 상관자로서 그 존재의미를 지니고 있다는 것뿐이다. 여기에 바로 세계의 초월성Transzendenz의 참된 의미가 있고, 또 이를 통해 세계를 하나의 의미로서 자신 속에 지닌다는, 세계의 상관자로서의 초월론적 주관성의 '초월론적transzendental'이라는 의미가 제대로 이해될 수 있다.

6장
제2성찰: 지향성과 지향적 분석

1. 초월론적 주관성의 명증적 성격의 구체화

앞서 설명한 현상학적 판단중지를 통해 초월론적 주관성의 광대한 경험영역이 비로소 드러나게 된다. 그리고 이 영역은, 후설이 예고한 대로, 모든 학문적 인식의 근본적 토대로 작용한다. 이렇게 인식의 토대로 작용할 수 있는 궁극적 근거는 초월론적 주관성의 명증성 때문이다. 이런 의미에서 판단중지를 통해 나타난 초월론적 주관성은 단지 공허할 뿐인 '나는 존재한다'라는 차원에서만 그 필증적 명증성을 주장할 수 있는 것은 아니다. 바로 이와 더불어 주어지는 초월론적 주관성의 경험과 그 삶의 생생한 구조 또한 필증적 명증의 성격을 지닐 수 있다. 물론 초월론적 주관성의 모든 개별적 경험이나 인식이 필증적일 수 있다는 것은 아니다.

"자신 자체에 대한 자아존재의 이 명증성이 아무리 절대적이라도 이 명증성은 그러나 초월론적 경험에서 주어지는 다양한 것들의 존재와 즉각적으로 일치하는 것은 아니다." (67)

가령 지각이나 상기 등의 정상적 의식 작용에 상응해, 명증적이라고 볼 수 없는 순수한 상상Phantasie, 곧 유사(사이비) 지각이나 상기 작용이 나타날 수 있다. 그럼에도 초월론적 자아의 존재라는 필증적 명증성에는 변함이 없으며, 이 명증성이 곧 그의 전 경험 영역을 사실상 지배하고 있다. 이런 점에서 초월론적 주관성의 경험 개개의 측면에서 필증성 주장에 다소의 한계가 있을지라도 최소한 전체적인 경험구조 내지 전체적 삶의 면에서는 여전히 명증성을 지닌다고 볼 수 있다.

"'나는 존재한다'의 절대적 명증성은 비록 그러한 명증성(상기,

파지 등의 명증성)의 도달 범위를 규정하는 어떤 제한 속에서이기는 하지만, 필연적으로 초월론적 삶과 자아의 습관에 바탕을 둔 고유한 것들에 대한 자기경험의 다양한 양태들에까지 또한 뻗쳐 있다."(67)

이런 의미에서 후설은 다음과 같이 말한다.

"'나는 존재한다'의 단순한 동일성만이 초월론적 자기경험을 절대적으로 의심할 수 없게 하는 요소가 아니다. 자아의 보편적이고 필증적인 경험구조(가령 체험류의 내재적 시간 형식)가 현실적이고 가능적인 자기경험 속에서 특별하게 주어진 모든 것들을 관통해 —비록 이것들 개개는 절대적으로 의심할 수 없는 것은 아니라 할지라도— 뻗어 있다."(67)

이런 맥락에서 초월론적 주관성의 포괄적인 경험 영역에 대한 상세한 현상학적 고찰이 필요하다. 그런데 현상학이 판단중지를 통해 모든 초월적, 객관적 존재성을 배제한 채 순수한 초월론적 자아로부터 출발하는 한, 현상학은 일종의 순수 자아론

Egologie의 성격을 지닐 수밖에 없다. 특히 자기경험에서 출발하는 한 그렇다. 그러나 이런 이유로 현상학이 이른바 유아론적인 학문, 곧 '초월론적 유아론'의 특성을 지닌다고 오해해서는 안 된다. 초월론적 주관성을 단순한 개별적 자아로만 간주하고 이 개별성에만 머무는 한, 그렇게 볼 여지는 물론 있다. 그러나 이럴 경우, 엄밀한 학문성의 정초를 위해 그 근거로서 제시된 초월론적 주관성의 명증성은 불가피하게 빛이 바랠 수밖에 없다. 따라서 초월론적 주관성은 단순한 자신의 존재성에서뿐만 아니라 자신의 인식과 체험 또한 명증적인 것으로서, 그리고 무엇보다도 이것이 나에게만 타당한 것이 아니라 이른바 철학적, 학문적인 구속력과 설득력을 지니고 있음을 해명해야 한다. 이를 위해서는 무엇보다도 초월론적 주관성의 경험이 단순히 개별적, 주관적 체험의 수준에 머물러 있는 것이 아니라 보편적, 필연적 성격을 지닌다는 것을 입증할 필요가 있다. 곧 초월론적 주관성은 초월론적 상호주관성의 구조를 내적으로 갖추고 있음이 밝혀져야 한다. 그리고 이 모든 것은 초월론적 주관성의 경험영역에 대한 자기고찰을 통해 차차로 규명되어야 할 사안이다.

2. 지향성과 지향적 관계

초월론적 주관성의 삶에 대한 탐구에서 이것의 가장 기본적인 구조로서 나타나는 것이 '지향성Intentionalität'이다. 지향성이란 인간 의식의 보편적인 형식을 가리키는 것으로 우리의 모든 의식작용은 항상 그 대상 내지 의식내용으로서 어떤 것을 지니고(지향하고) 있다는 것이다. 가령, 어떤 판단이나 기억을 할 때는 '어떤 것'이 판단되거나 기억되며, 욕구를 느낄 때는 욕구의 대상이, 슬픔을 느낄 때는 슬픔의 대상이, 기쁠 때는 기쁨의 대상이, 두려울 때는 두려움의 대상이 되는 어떤 것이 항상 의식작용과 상관성을 이루면서 의식에 주어져 있고, 또 이를 의식이 간직하고 있다. 우리의 의식작용이 취하는 각각의 방식에 따라 지향하는 대상은 각기 달리 주어질 수 있지만, 의식작용과 그 상관자인 대상이 관계를 맺는다는 보편적인 사실만큼은 결코 변함이 없다. 곧 지향성은 의식이 항상 그 의식작용에 상응하는 "어떤 것에 관한 의식Bewußtsein von etwas"(72)이라는 의미에서 의식 대상이 되는 '어떤 것'이 의식체험(작용) 속에 불가분리적으로 내재해 있음을 가리킨다. 이런 점에서 지향성은, 후설에 따를 때, 인간의 모든 의식작용에 실제적, 잠재적으로 동반되는 "의식의 보편적인 근본속성"(72)으로 간주된다.

본래 이 지향성 개념은 후설이 그의 스승이었던 브렌타노로부터 물려받은 것이다. 그러나 브렌타노가 심리학주의적인 입장에서 의식의 지향성을 심리학적으로만 바라봄으로써 의식작용과 그 대상과의 관계가 지니는 깊은 인식적 의미를 제대로 못 보았다고 후설은 비판했다. 후설은 의식작용과 그 대상이 단순히 심리적으로 일대일 대응하는 것이 아니라고 보고, 의식작용을 통해 어떻게 그 상관자인 대상성이 형성되는지 그 심층적인 인식론적 과정에 주목함으로써 의식주관과 대상의 보편적인 아프리오리한 관계를 밝히고자 한다. 그리고 바로 여기에 현상학의 주된 과제가 있음을 진작부터 천명한다. 따라서 심리학적으로 보면, 지향성은 의식작용이라는 심적 현상에만 주로 초점이 맞추어지는 데 반해, 현상학은 의식작용과 그 대상과의 상관성에 초점을 두고 있기 때문에, 의식작용과 의식 대상 양자 모두의 의미를 모두 중요하게 여긴다. 물론 대상성의 근원이 의식주관 내지 체험에 있기 때문에 의식체험에 더 무게가 실리기는 한다.

그런데 여기서 오해하지 말아야 할 것은, 현상학에서 말하는 지향적 관계는 의식을 완전히 초월한 ―의식이 접근할 수 없는― 어떤 실제적 대상과 의식 체험과의 관계를 말하는 것이 아니라는 것이다. 따라서 실제적 대상은 따로 있고, 단지 이 실제적 대상의 표상 혹은 기호와 의식 체험과의 피상적 관계를 말하는 것이 아니다. 지향적으로 생각된 대상이란, 의식에 내재되어 있기는 하지만 현상학의 입장에서는 사실상 파악하고자 하는 '대상 그 자체'를 의미하는 것이며, 바로 이것이 대상의 충실한 의미이기도 하다. 말하자면, 칸트의 '물자체'와 같이 의식이 미치지 못하는, 그러한 초월적 미지의 영역은 현상학적으로는 무의미하다. 따라서 지향적으로 생각된 대상이라고 해서 이제껏 일상적 현실 속에서 바라보아 온 실제적 대상과 다른 것이 아니다. 다만 태도변경을 통해서 의식주관과의 연관 속에서 이것이 새롭게 파악되는 것뿐이다. 이런 의미에서 한전숙은 "의식의 지향적 성격이란 의식의 안팎에서건 내부에서건 본래 독립적인 두 실재하는 것 사이에 때때로 생기거나 또는 항존하는 실재적 관계를 말하는 것이 아니다. 있는 것은 두 실재가 아니라 오직 하나의 아주 간단한 사태, 즉 지향적 체험뿐이며 이 체험이 있다는 것이 그대로 대상이 지향적으로 현전하고 있다는 것을 말한다"[3]라고 후설의 지향성을 설명하기도 한다.

이처럼 지향성은 현상학에서 그 출발점이 되는 의식의 본질적 구조를 가리키는 것으로서 현상학의 중심 주제다. 후설은 이제 초월론적 환원을 거쳐 밝혀진 초월론적 주관성이 이러한 지향성의 구조에 따라 어떻게 대상성을 형성하는지 그 과정을 상세히 분석하려고 한다. 그리고 바로 여기에 그의 초월론적 현상학 전 체계의 사활이 걸려 있기도 한 것이다.

3. 의식의 통일성과 종합

후설의 지향성 개념에서 가장 중요한 점은 의식이 어떻게 지향적 대상을 인식 내지 형성하는가 하는 것이다. 후설은 개개 의식작용의 방식에 따라 지향적 대상은 달리 주어진다고 봤다. 가령 동일한 대상이라고 할지라도 이것이 지각을 통해 주어지느냐, 상상 혹은 기억을 통해 주어지느냐에 따라 그 지향적 대상의 양태 내지 관계 방식은 다르다고 본다. 그러므로 어떤 대상이 나에게 주어지는 혹은 나타나게 되는 체험의 방식이 매우 중요해진다. 그러나 이렇게 다양한 체험을 통해서도, 혹은 다양한 관점에서도 주어지는 대상 자체는 동일하게 파악이 된다. 가령 하나의 동일한 주사위를 여러 측면에서 바라본다고 할 때, 보이는 측면은 달라도 주사위라는 대상은 동일한 것으로 주어진다.

"하나의 동일하게 나타나는 주사위는 흐르는 의식에 연속적으로 내재하며 […] 하나의 동일한 것이다." (80)

그리고 지금 현재의 경험에서뿐만 아니라 이에 대한 과거의 기억, 혹은 상상 등을 통해서도 이는 동일하게 주어질 수 있다. 그런데 이렇게 다양한 의식체험 속에서 하나의 통일적인 동일한 대상으로서 이것이 파악될 수 있는 근거는 무엇인가?

하나의 동일한 대상으로서 대상을 인식할 수 있는 근거는 우선 의식체험이 통일성을 이룬다는 데 있다. 이 통일성은 근본적으로 우리의 자아가 자기동일적 자아로서 다양한 의식체험을 관통해 지속하는 통일적인 주체라는 데 기인한다. "모든 생각할 수 있는 개별적 체험은 단지 이미 항상 통일적인 것으로 전제된 총체적 의식 속에서 부각된 것"(81)으로서 "전체의 의식 삶은 […] 종합적으로 통일성을 이루고 있다"(80). 이러한 의식의 통일성이 전제되지 않으면 우리는 어떠한 대상도 나의 의식체 험의 대상으로서 인식할 수도 없고 단지 그때그때 나타나는 대 상의 한 계기만을 포착할 뿐이다. 따라서 하나의 동일한 대상 에 대한 인식 또한 당연히 불가능하다. 후설은 이러한 시간의 다양한 흐름 속에서 자아의 통일성을 유지하고 나아가 체험의 계기들을 종합시키는 작용이 가능한 것은 내적 시간의식 때문 이라고 보았다. 내적 시간의식 속에서 나는 시간적 흐름 속에 서 나의 동일성을 의식하며, 이에 근거해 나는 다양한 체험 속 에서도 이 체험을 바로 나의 체험인 것으로 종합하면서 이를 바탕으로 하나의 동일한 대상에 대한 의식을 갖게 된다. 가령, 한 대상에 대한 체험은 시시각각으로 변하고 흘러간다. 만약 이 흐르는 과거의 체험을 현재의 체험과 연결시켜 종합하지 않 으면 동일한 하나의 대상에 대한 인식 자체는 불가능하다. 이 렇게 흘러가는 체험을 붙잡아 보존하는 작용을 가리켜 후설은 내적 시간의식의 한 요소인 파지Retention라고 한다.

"모든 그 밖의 의식의 종합을 가능케 하는 이 보편적 종합의 근본형식은 모든 것을 포괄하는 내적 시간의식이다. 이것의 상관자는 내재적 시간성 자체로서 이에 맞게 모든 그때그때 반성적으로 발견될 수 있는 자아의 체험들은 이 내재적 시간의 부단한 지평 내에서 시간적으로 질서 지어지고, 시간적으로 시작하고 끝나는 것으로서, 또 동시에 그리고 연이어 나타나는 것임에 틀림없다."(81)

이와 같이 내적 시간의식의 통일성의 작용 덕분에 나의 의식은 체험의 흐름 속에서 자기동일성을 유지하면서 부단히 의식의 종합을 수행하게 된다. 이를 통해 서로 분리된 한 대상의 다양한 의식체험들은 하나의 동일성에 대한 의식으로 수렴될 수 있는 것이다. 따라서 대상의 동일성은 궁극적으로 내적 시간의식에 근거한 의식 내지 자아의 통일성에 근거를 두는 것으로 밝혀진다.

4. 지향적 대상과 지평형성으로서 구성

지향성의 작용이 의식체험의 통일성 속에서 이루어진다는

것이 밝혀진 후, 이제 그 상관자인 지향적 대상의 형성과정에 대해 보다 자세히 살펴볼 차례이다. 후설에 따르면 세계는 초월론적 주관성의 지향적 상관자로서 오직 이것의 의미형성체로서 의미를 지닌다. 초월론적 주관성이 필연적으로 지향적 상관자인 대상으로 향하고 이 대상에 대해 의미부여를 한다면, 그 방식은 구체적으로 어떠한 것일까?

어떤 대상을 하나의 대상으로서 인식하는 과정에 대한 후설의 인식론적 해명은 사실 어떻게 보면 단순하다. 주어진 감각적 질료에 이를 질서 지우는 의식작용, 즉 이에 의미부여 하는 사유작용(노에시스)이 가미되어 하나의 노에마(의미부여 된, 사념된 대상)로서 대상이 산출되는 것이다. 그리고 후설은 이 노에마를 산출하는 초월론적 주관성의 작용을 가리켜 '구성Konstitution'이라고 했다. 이렇게 형식적으로만 보면 후설의 구성작용은 감각적 질료에 보편적인 의식형식이 가미되어 하나의 현상으로서의 대상이 인식되고 산출되는 칸트의 구성 개념과 유사하다. 그러나 후설이 구성 개념에서, 특히 이 책에서 강조하는 것은 구성 개념을 정적으로만 보지 않고 발생적 관점에서 현재적 체험뿐만 아니라 가능적, 미래적, 잠재적 체험까지 고려해 구성을 이해하고 있다는 것이다. 이는 뒤에서 언급할 지향성의 잠재성과 지평성과도 연관된다.

구성은 기본적으로 주어진 것보다 더 많은 것을 의식하고 생각함이라는 것을 함축한다. 직접적으로 주어진 감각적 질료에 의식작용이 가미된 것이므로 당연히 더 많은 것을 생각한다는 것은 당연하다. 그런데 이 '더 많이 생각함Mehrmeinung'은 나중에 현실화할 수 있는 잠재적 체험을 불러오는 것, 이른바 '현재화 Vergegenwärtigung'의 계기가 함축되어 있다는 점이 주목될 필요가 있다. 직접 주어진 것이 현전Gegenwärtigung하는 것이라면, 현재화는 아직 도래하지 않은, 혹은 잠재된 체험이지만 '더불어 의식되는 것'을 가리킨다. 이는 사실 능동적인 작용이라기보다는 수동적인 의식의 작용으로서 모든 직접적 체험을 둘러싼 배경 의식 같은 의미를 지닌다. 그러나 이 현재화하는 체험은 직접적 체험의 배경으로서 후자와 더불어 항상 주어져 있는 것으로 이해된다.

"오히려 모든 현실성Aktualität은 자신의 잠재성을 함축하고 있다. 그리고 이 잠재성은 공허한 가능성이 아니라 내용적으로 더구나 그때그때의 실제적 체험 자체에서 지향적으로 예시되고, 게다가 자아에 의해 현실화될 수 있다는 성격을 지니고 있다." (81-82)

이 직접적으로 주어진 것의 배경을 이루는, 아직 현전화한 것은 아니지만 이와 더불어 의식되는 가능적, 잠재적 경험의 영역을 가리켜 후설은 '지평Horizont'이라고 부른다.

"모든 체험은 자신의 의식연관의 변화 속에서 그리고 자신에게 고유한 흐름의 각 국면의 변화 속에서 유동적인 지평, 곧 체험 자체에 속한 의식의 잠재성들을 가리키는 지향적 지평을 지닌다." (82)

가령 어떤 집의 앞면을 지각한다고 할 때, 지각된 앞면은 현전하는 것으로서 직접 주어져 있다. 그러나 우리는 가능적 경험의 대상으로서 이 집의 옆면이나 뒷면까지 이미 본 것으로 간주하고, 혹은 장차 볼 수 있다는 전제하에 지각된 앞면을 둘러싼 배경으로서 이를 더불어 의식한다. 여기에는 장차 어떤

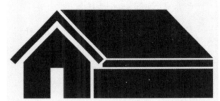

지금 서 있는 위치에서 집의 앞면만 볼 수 있다고 하자. 우리는 그동안 봐 왔던 많은 집들의 구성을 떠올리며 보이지 않는 집의 옆면과 뒷면을 함께 인식한다. 또는 산책하듯이 집 주위를 한 바퀴 돌면 전체적인 구성을 볼 수 있으리라 기대하며 보이지 않는 집의 옆면과 뒷면을 함께 인식한다.

식으로든 이 집의 다른 면을 볼 수 있다는 나의 가능적 '자유의식'이 결정적인 역할을 한다. 이런 의미에서 "지평이란 미리 예시된 잠재성들이다"(82). 그러나 바로 이러한 지평의식 덕분에 이 집을 하나의 온전한 집으로 인식할 수 있는 것이다. 후설식으로 표현하면 집을 하나의 지향적 대상으로서 구성하는 것이다. 이렇게 볼 때 지향적 대상의 구성은 곧 "지평을 구성하는 것"(83)이라고도 볼 수 있다.⁴

그리고 이 지평성이란 오랜 기간에 걸친 나의 역사적 의식을 반영하는 것으로서 나의 잠재적, 가능적 의식 삶을 포괄한다. 따라서 후설에서 구성이란, 특히 그의 후기 현상학에서, 역사성 속에서 형성된 나의 잠재적 삶의 인식론적 표출이라고도 볼 수 있다. 지평 개념과 더불어 이러한 식의 역사적인 구성 개념의 발굴은 후설의 새로운 업적으로 볼 수 있다.

5. 지향적 삶의 역사성과 지평지향성

앞서 살펴본 바와 같이, 지향적 대상의 구성 개념에 대한 해명에서 이미 지향적 체험과 그 삶은 역사적인 것으로 밝혀졌다. 사실 지향적 의식의 통일성을 이루는 바탕이 시간의 흐름을 전제로 하는 내적 시간의식이라는 것에서 이미 지향적 의식의 역사성은 암시가 되고 있다. 그러나 구성 개념과 지평성의 연관 속에서 지향적 삶이 역사적이라는 것은 보다 구체적으로 드러나고 있다.

후설은 의식체험의 영역이 기본적으로 "흐르는 의식 삶"(70)으로서 이른바 "헤라클레이토스적 흐름의 영역"(86)이라고 명시하면서 부단한 시간적 흐름 속에 있다고 보았다. 이 흐름은 그러나 전혀 무질서한 것이 아니라 나름의 질서와 규칙 속에서 이루어지는 것으로서 "초월론적 주관성은 지향적 체험들의 혼

돈이 아니다"(90). 초월론적 주관성이 이 시간적, 역사적 흐름 속에서 나름의 규칙성을 지니고 대상에 대한 구성을 일관되게 수행할 수 있는 근거는 역시 지향성이 지평성의 구조를 지니고 있다는 데에서 찾을 수 있다. 후설은 이런 의미에서 "지평지향성Horizontintentionalität"(83)이라는 표현을 쓰면서 "모든 지향성의 지평구조"(86)에 대해 언급한다. 그러나 후설은 이 책에서 지평지향성의 의미에 대해 단지 '지향성에 함축되어 있는 잠재적 체험'이라는 의미 정도로 암시만 할 뿐, 상세한 설명은 하지 않고 있다. 그러나 지향성이 어떻게 지평성의 의미를 지닐 수 있는지는 앞서 구성 개념에 대한 해명에서 충분히 추론할 수 있다. 앞서 구성 개념에 결정적인 지평의식은 우리의 오랜 기간에 걸친 습성과 기존의 누적된 선행적 지식 내지 선행적 이해 등이 쌓여서 형성된 것이다.

엄격히 보면, 후설이 말하는 판단중지를 통해 이러한 선입견처럼 보이는 기존의 습성이나 선지식 등도 일종의 편견과 같은 것으로 모두 제거되어야 할 것처럼 보일 수 있으나 후설이 초월론적 판단중지를 통해 기본적으로 요구한 것은, 가장 기본적인 믿음이기는 하지만 바로 세계존재에 대한 믿음을 괄호치는 것이다. 이 믿음을 유보하면서도 내게 남아 있는 기존의 역사적 형성물 내지 지식 등은 제거되지는 않는다고 보아야 할 것이다. 이는 나의 의식의 일부를 형성하는 것으로서 만약 이것까지 제거된다면 나는 어떤 인식 활동 내지 구성 활동도 제대로 할 수 없을 것이기 때문이다.

그런데 나의 일부를 이루는 이러한 습성 혹은 선행적 지식은 역사적으로 형성된 것이자 오랜 기간에 걸쳐 나를 규정하는 것으로 간주된다. 이는 내 속에 자리 잡으면서 나의 의식을 지배하며, 나아가 나의 의식 삶에 규칙과 질서를 형성한다. 앞서 초월론적 주관성의 삶이 규칙적일 수 있는 것은 이에 힘입은 바가 크다고 할 수 있다. 초월론적 "자아는 자기 자신에 대해 체험, 능력, 성향 속에 함유된 개별적 내용을 지닌 구체적 존재로서 필증적으로 앞서 제시되어 있고, 또 무한히 완전함을 향해 나아가게 하고, 아마도 풍부해질 수 있는 자기경험을 통해 접근 가능한 경험대상으로서 지평적으로 앞서 제시되어 있다"(67).

이러한 특성을 바탕으로 한 나의 역사적 삶에 대응하는 것이 바로 나에 의해 구성된 세계이다. 나의 주위세계는, 앞서 구성 개념에서 본 바와 같이, 지평의식을 통해 더불어 주어지는 친숙한 삶의 세계로서 친숙한 대상들의 의미연관체로서 주어져 있다. 그런데 이러한 친숙한 의미연관체로서 대상들의 주위세계가 형성될 수 있는 결정적인 근거는, 바로 이것이 역사적으로 형성된 나의 습성과 상관성을 이루고 있기 때문이다. 앞서 예로 든 집을 보면서 우리는 집을 둘러싼 거리, 마을, 도시 등을 배경으로서 더불어 의식하고 하나의 의미연관체로 집의 배경이 되는 친숙한 지평을 의식한다. 그런데 이렇게 친숙한 지평의식의 형성에는 내 속에서 오랫동안 형성된 지식이 결정적인 영향을 미쳤다. 이 지식 덕분에 나는 어떤 낯선 대상도 최대한 내가 기존에 알고 있는 선행적 지식의 틀에 맞추어 가능한 '기지성旣知性'의 지평 속에서 유형화해서 받아들인다. 그러므로 지평이란 하나의 질서 있게 지어진 규칙구조Regelstruktur로 이해할 수 있다.

"모든 객체, 모든 대상은 (또한 모든 내재적 대상도) 초월론적 자아의 규칙구조를 가리키고 있다. 초월론적 자아에 의해 표상된 것으로서, 그것이 어떻게 의식된 것이건, 이는 즉시 가능한 본질적으로 예시된 유형 속에서 동일한 것에 대한 가능한 그 밖의

의식의 하나의 보편적 규칙을 가리킨다." (90)

지향적 초월론적 의식에 의해 이루어지는, 그리고 그 상관자로서 구성되는 세계의 지평적 구조에는 이처럼 지향적 의식의 역사성과 이것의 내용을 이루는 습성이 근저에 놓여 있다.

6. 자연적 반성과 초월론적 반성

지향적 삶과 지향적 의식은 본래 초월론적 태도 이전에서도 충분히 고찰하고 해명 가능한 개념이다. 실제로 후설은 초월론적 현상학으로의 전환 이전에, 이 지향성을 스승인 브렌타노로부터 현상학의 중심개념으로 받아들였다. 그렇다면 초월론적 태도에서의 지향적 의식과 일상적, 자연적 태도에서의 지향적 의식은 어떤 차이점이 있는가? 이와 관련하여 후설은 15절에서 자연적 반성과 초월론적 반성을 구분하여 이 문제를 다루고 있다.

일상적 삶 속에서도 당연히 우리의 의식체험에 대한 분석과 관찰은 가능하다. 어떻게 보면 초월론적 태도에서와 그 관찰대상이나 내용은 같을 수 있다. 가령, 어떤 집에 대한 지각의 체험을 자연적 반성에서 바라보는 것과 초월론적 반성에서 주제화하는 것은 최소한 그 대상은 동일하지만 보는 방식이 다를 뿐이다. 우선 자연적 반성에서는 자명하게 존재하는 것으로 전제된 세계의 토대 위에 서 있다. 그리고 결정적으로, 후설과 데카르트를 가른 경계이기도 한 것이지만, 의식을 세계의 일부로서 세계에 속해 있는 것으로 간주한다. 그렇기 때문에 이 세계의 궁극적 근거로서 세계를 구성하는 초월론적 의식의 역할에 대해서는 제대로 해명할 수 없다. 말하자면, 자연적 반성은 나 자신에 대한 참된 내적 반성이 아니라 세계에 빠져 있는, 세계로 향한 반성을 의미한다. 이런 의미에서 일상적, 자연적 태도에서의 자아는 세계 속으로 들어가 살고 있는 자아로서 "세계에 관심을 갖고 있는"(73) 자아이며 외부 세계의 영향 아래 있다. 또한 세계의 특정 대상에만 관심이 집중되어 있다. 반면 초월론적 태도에서의 반성은 이러한 세계에 대한 관심으로부터 자유롭다. 판단중지를 통해 일단 모든 초월적 세계의 존재에 대해 괄호가 쳐져 있고, 이 세계의 존재타당성과 관련한 일체의 믿음과 효력을 중지시켰다. 한마디로 세계적 존재에 대한 모든 관심이 유보되어 있다. 이를 통해 오직 순수의식 자체로 시선이 집중되고, 나아가 이 세계에 대한 이것의 의미를 들여다볼 수 있게 된다. 이처럼 세계와 관련한 일체의 관심으로부터 자유로운 초월론적 태도에서의 현상학자 내지 자아를 가리켜 후설은 "무관심적 방관자uninteressierter Zuschauer"(73)라고 부른다. 이는 일상적 자아와는 다른 자아로서, 이런 의미에서 후설은 "자아분열"(73)에 대해 언급하기도 한다. 그렇기 때문에 초월론적 주관성은 이 세계에 대해 거리를 둔 채, 순수하게 선입관 없이 파악할 수 있는 것이며, 이 세계 또한 "절대적 무선입견성의 세계"(74)로서 주어질 수 있다고 보았다.

여기서 중요한 것은, 초월론적 태도에서 세계를 넘어서 있고, 이 세계 존재에 대한 믿음을 유보했다고 하더라도 이것이 세계를 배제하거나 상실한 것을 의미하진 않는다는 점이다. 이 세계는 초월론적 태도 이전이나 이후에 변함없이 동일하게 그대로 있다. 즉, "전 자연적 삶의 배경으로서 이 하나의 유일한 전 세계"(75)는 초월론적 태도에서도 그대로 존재한다. 다만 초월론적 태도를 거쳐 이 세계를 초월론적 주관성의 상관자로서, 이에 의해 구성된 의미지향체 내지 사유대상으로서 바라본다는 것이 다를 뿐이다. 마찬가지로 모든 세계적 존재에 대한 판단중지를 통해서도 이 세계와 연관된 모든 의식체험이나 작용은 그대로 존재한다. 단지 이것들이 초월론적 주관성의 한 계기로서 파악되는 것이다. 그러므로 비록 '자아분열'이라는 표현을 쓰기는 했지만, 후설의 논의에서 세계에 관심이 있는 일상적, 경험적 자아와 세계를 초월해 있는 초월론적 자아는 완전히 서로 다른 세계에 있는 실제적인 두 자아라기보다는 동일한 자아의 두 측면일 뿐이라는 것이다. 다만 내게 이러한 초월론적 자아의 측면이 있다는 것은 오직 초월론적 환원을 거친 후에만 알게 될 뿐이다.

"자연적인 태도를 취하는 자아로서 나는 또한 그리고 항상 초월론적 자아이다. 그러나 나는 이를 현상학적 환원을 수행함으로써 비로소 알게 된다." (75)

따라서 이 세계에 대한 참된 이해는 바로 이러한 초월론적 주관성의 전 영역이 밝혀져야만 비로소 드러날 수 있는 것이다.

7. 지향적 분석과 보편학의 이념

후설은 앞서 제시된 의식과 세계와의 지향적 관계에 대한 현상학적 분석을 통해 이른바 보편학의 이념을 실현할 수 있기를 기대하였다. '보편학'이란 이 세계의 모든 존재를 포괄해 이를 통일적인 원리와 체계에 따라 해명하는 학의 이념이다. 사실 이는 철학이 처음 출발할 때부터 제시된 것으로서 데카르트가 이를 자기 철학의 이념으로 재차 천명하고 있다. 후설의 현상학 또한 모든 존재에 대한 해명이라는 철학의 본래적 이념을 구현한다는 명분 아래 이 보편학의 이념을 현상학적으로 실현하고자 하였다.

후설은 의식과 대상의 지향적 관계는, 그가 처음 현상학을 시작할 때부터 확신한 것이지만, 보편적이고 아프리오리한 것이라고 보았다. 따라서 모든 세계적 존재를 이렇게 지향적 분석으로써 보편적으로 해명하는 것이 가능하며 또 정당하다고 여겼다. 그런데 현상학의 장점은 비단 현재적, 실제적 사물 내지 그 속성에 대한 분석뿐만 아니라, 의식의 역사성을 기반으로 그 잠재성과 가능성 측면에서도 종합적인 파악이 가능하다는 점이다. 그러므로 우리 인식의 한계로 인해, 어떤 존재나 사태에 대해 현재는 일면적으로만 규명이 된다 하더라도(명증적이지 않더라도) 잠재적 가능성의 측면에서 이를 충실히 해명할 수는 있다. 이것이 가능한 것은 초월론적 주관성이 어떤 규칙구조를 지니면서 필증적으로 이해된, 의식 전체를 지배하는 나름의 보편적 원리가 있기 때문이다.

"구성하는 의식의 다양성들은 ―실제적 혹은 가능적으로 하나의 동일성 속에서 종합적 통일로 이끌릴 수 있는― 바로 그렇기 때문에, 우연적인 것이 아니라 그러한 종합의 가능성과 관련된 본질적 근거에 따라 통일성을 이루고 있다. 따라서 이것들은 원리의 지배 아래 있는데, 이 원리에 따라 현상학적 탐구는 서로 연관성 없이 우왕좌왕하는 것이 아니라 본질적 근거로부터 작동되고 조직화된다. 모든 객체, 모든 대상은 [⋯] 하나의 초월론적 자아의 규칙구조를 의미하는 것이다." (89-90)

이와 같은 보편적인 초월론적 형식구조에 근거해 후설은 모든 존재영역을 관통하고 포괄하는 보편학으로서 초월론적 현상학의 포괄적 체계가 수립될 수 있다고 생각하였다. 그리고 이를 향한 그의 연구는 그의 전 현상학 체계를 통해 나타나 있다. 후설은 이른바 "모든 종합이 특정한 방식으로 질서 있게 함께 작동하는 보편적 구성적 종합"(90)을 말하면서 초월론적 주관성에 의한 전 존재 영역의 구성이라는 과제를 수행하려고 하였다. 여기에는 물론 인식 가능한 현실적, 실제적 대상뿐만 아니라 가능적, 이념적 대상들도 포함된다. 따라서 이에 상응해 "실제적이거나 가능적인 대상들의 모든 의식방식"(90)이 초월론적 탐구의 고려 대상이 된다. 현상학은 일반 개별과학에서와 같이 어떤 하나의 획일적 방법 내지 통일적인 기준에 따라 존재자를 획일적, 통일적으로 규정하지는 않는다. 현상학은 사태 내지 존재 자체에 충실해, 이것이 있는 그대로, 그 자체로 고유하게 주어질 수 있는 명증적인 의식방식(주어짐의 방식)을 먼저 고려한다. 『이념들 I』에서, 그 사태에 적합하게 '원본적으로 부여하는 직관이 인식의 권리원천'이라는 현상학의 제일원리는 이를 잘 보여 주고 있다. 곧 현상학은 존재를 외적 방법에 따라 획일적으로 규제하는 것이 아니라 존재의 고유한 속성 내지 성질에 따라, 주어지는 방식을 달리해 이를 탐구하는 방식을 취한다. 따라서 현상학에서는 다양한 존재들의 질적인 차이와 개성이 그대로 보존되고 유지될 수 있으며, 다양한 의식체험과 이것의 상관성 속에서 존재의 의미가 여러 측면들의 종합을 통해 도출된다. 그러나 이러한 방식의 개개 존재 혹은 이것의 존재 영역에 대한 구성적 초월론적 탐구는 앞서 '보편적 종합'이라는 표현에서 보듯 서로 연관성을 이루고 있다. 곧 보편학의 이념을 실현하고자 하는 후설 현상학의 목표는, 우리의 초월론적 의식이 지니는 보편적 성격과 구조를 바탕으로 "모든 상대적으로 완결된 [고유한 존재영역에 대한] 구성적 이론들을 모든 다른 구성적 이론들과 결합시키는 것"(91)이다. 이를 통해 자연, 동물 및 인간, 문화 등의 모든 존재 영역의 다양한 계층과 단계 그리고 다른 존재 영역과의 연관성 등등이 총체적으로 고려된, 하나의 보편적인 초월론적인 구성이론의 체계가 초월론적 주관성을 매개로 정립될 수 있다는 것이 후설의 기본적인 생각이다.

7장
제3성찰: 명증성의 구조와 총체적 명증성

1. 명증성과 이성

현상학에서 명증성은 대상의 '자기부여'라는 의미에서 어떤 것이 그 자체로서 명료하게 주어짐을 뜻한다. 이는 곧 참된 것에 대한 파악이라는 의미에서 진리성을 특징짓는다. 전통적으로 진리는 허위와 대립되는 것으로서 이에 대한 판단은 이성의 역할로 간주되어 왔다. 후설은 이러한 전통적인 이성의 역할을 받아들이면서 이성주의의 입장에서 명증성과 이성을 결부시킨다.

이성은 올바름, 참됨을 지향하기도 하지만 칸트가 지적한 대로, 논리성과 정합성을 추구하기도 한다. 이치에 맞지 않는 것 또는 논리적 불일치로 인한 혼동은 이성의 최대 적이기도 하다. 따라서 이성은 최대한 논리적인 질서와 체계에 맞게 사태를 파악하고 그럼으로써 정합성 속에서 어떤 사태의 진리성을 찾고자 한다. 앞서 이야기한 의식의 종합이나 통일성은 이러한 이성적 경향의 한 단면이라고 볼 수 있다. 그러므로 이성은 우연적이고 상대적인 인식보다는 필연적이고 보편적인 인식을 지향할 수밖에 없으며, 이것의 토대 위에서 명료하고 분명하게 존재자에 대한 해명을 하고자 한다. 후설의 현상학 또한 이와 유사한 관점에서 명증적 인식은 이러한 이성적 인식이 지향하는 방향 속에서 이루어진다. 불명료한 사태나 사실을 최대한 논리적, 정합적으로 정리해서 하나의 명증적 인식으로 이끌고자 하는 것이 바로 현상학에서 이성의 역할이다.

"이성은 우연적, 사실적 능력이 아니며, 가능한 우연적인 사실에 대한 하나의 명칭이 아니다. 오히려 이는 초월론적 주관성 일반의 보편적인 본질적 구조형식에 대한 명칭이다. 이성은 확증의 가능성을 지시하며, 이 확증은 궁극적으로 '명증적으로 만듦

Evident-machen'이자 '명증적으로 소유함Evident-haben'을 가리킨
다." (92)

초월론적 주관성이 이러한 이성적 능력을 바탕으로 인식(구
성작용)한다고 할 때, 인식은 보편성과 필연성의 성격을 지닐 수
있다. 어떤 의미에서 현상학의 주된 과제는 이러한 초월론적
인식의 보편성과 필연성을 정당화하고 해명하는 것일 수 있다.

2. 지향적 삶의 보편적 경향으로서 명증성

후설에서 명증성은 "지향적 삶의 보편적인 근원현상"(92)이자
"지향적 삶 일반의 근본특징"(93)으로서 불명료하고 모호한, 비
충전적인 인식상태(본래적 사태가 아직 제대로 주어져 있지 않은 단순
히 공허하고 비본래적으로 생각하는 의식상태)에서 사태가 충실히 주
어져 있는 의식상태로, 곧 "그 자체로 현존해 있으면서 직접적
이고 직관적으로 원본적으로 주어짐이라는 궁극적 양태 속에
서, 어떤 사실, 어떤 사태, 보편성, 가치 등이 스스로 현출하고,
자기 자신을 제시하며, 자기 자신을 부여한다는 완전히 특출난

의식의 방식"(92)에 이르렀음을 가리킨다.

　이러한 방식의 명증성은, 이미 앞서 언급한 바와 같이, 혼란
과 모호함을 회피하기 위해 최대한 사태 자체에 가깝게 접근하
고 이를 직접적으로 직관하거나 통찰하면서 하나의 명료한 대
상성으로 이끌려고 하는 (이성적) 의식의 근본적인 경향을 가
리키는 것이다. 그리고 바로 이 경향이 어떤 대상성을 향한 지
향적 의식의 근본적인 특징이다. 어떤 것에 대한 대상화가 이
루어지기 전 우리는 여전히 모호함과 혼란 속에 있다. 그러므
로 대상화는 어떤 의미에서 명료성의 추구라고도 볼 수 있다.
이런 점에서 우리의 지향적 경험은 근본적으로 대상화를 목적
으로 공허한 지향을 충족시킨다는 의미에서 명증성의 추구로
특징지어지며, 이것의 주된 작용인 구성작용은 곧 명증성의 형
성을 의미한다. 지향적 의식은 "어떤 식으로 이미 생각되고 또
생각될 수 있는 모든 것에 대해 [명증성을] 추구하고 실현하는
지향이라는 목적"(93)을 지닌다. 곧 지향적 의식은 명증성을 추
구하면서 명료하고 충실한 대상성의 형성이라는 목적을 향해
부단히 '목적론적으로' 노력하고 있는 것이다.

"모든 의식 일반은 그것이 이미 자신의 지향적 대상과 관련하여 이를 자기부여 한다는 명증성의 성격을 지니거나, 또는 이 자기부여Selbstgebung로의 이행에로, 따라서 확증의 종합에로 본질적으로 향해 있다." (93)

3. 명증화와 잠재적 명증성

명증성의 이념에 따를 때, 현실적으로 바로 눈앞에 있는 물질적, 감각적 존재가 보다 명증성에 부합할 가능성이 높은 것은 사실이다. 그만큼 사태 자체에 직접적으로 가까이 있기 때문이다. 그러나 생생한 현실성이 꼭 명증성을 보장해 주는 것은 아니다. 아무리 실제적인 것이라고 하더라도 이것이 우리 의식에 그것 자체로서 주어져야 하며, 그 생동적 실제성을 확증할 수 있어야 한다. 그렇기 때문에 어쩌면 가장 사태에 가까이 접근할 수 있는 능력으로 보이는 외적 지각과 그의 대상인 외적 사물 또한 명증성의 일차적 기준에서 착각과 오류, 그리고 비충전성(일면성)으로 인해 내적 체험에 대한 지각에 우선 순위를 물려주고 있다. 이에 근거해, 후설은 세계와 내적 체험을 명증적 주어짐의 기준에 따라 차별화하고 있다. 그러나 엄격하게 보면, 존재의 성격에 따라 명증성의 정도를 절대적으로 차별화한다기보다는 개개 존재의 주어짐 내지 나타남의 본질적 방식에 따라 각기 그에 상응하는 명증적 의식의 양태나 방식이 다르다는 것이 현상학의 기본적 입장이다. 즉, 외적인 물체적 사물의 주어짐과 본질적, 이념적 존재자, 혹은 상상적, 가능적 존재자의 주어짐의 방식은 다를 수밖에 없으며, 그에 상응해 각기 '나름의' 고유한 명증성의 방식을 갖는다고 볼 수 있다.

현상학적 명증성에 중요한 것은 어떤 것이 외적 지각을 통해 그 존재성을 확인할 수 있을 만큼 경험적이고 생동적이며 지각 가능한가 하는 점보다는, 얼마나 우리의 의식체험 속에서 그것이 순수하게 그 자체로서 주어지고 따라서 우리의 체험이 그 사태에 충실한가 하는 점이다. 현상학에서 다루는 존재는 단지 물체적으로 존재하는 외적 사물뿐만 아니라 가능적, 상상적, 이념적 존재(가령 본질) 모두를 포괄한다. 엄밀한 학문적 법칙이나 이론 또한 여기에 해당된다. 그러나 어떠한 것이든, 이것이 단순히 공허하게 생각되고 의식 속에 있다는 것만으로는 명증적이라고 할 수 없다. 여기에는 보다 명백하고 명료하게 하는 방법으로서, 이른바 명증화함Evidentmachen의 계기가 필요하다. 이는 "불명료한 생각으로부터 그에 상응하는 앞서 구체화하는 직관vorverbildlichende Anschauung으로 가는 종합적 방법"(94)으로서 직관을 매개로 어떤 존재의 실재성 내지 명증성에 대한 비판적 검증 및 확증의 과정이라고 할 수 있다. 다시 말하면, 생각된 것과 참되게 존재하는 것 사이의 간격을 최대한 줄이면서 양자를 일치시키는 과정이라고 할 수 있다. 한편으로 이는 공허하고 막연하게 생각된 것의 내용을 충실화하고 구체화하는 것이라고도 볼 수 있다. 이런 의미에서 후설은 "확증하는 충족"(94)이라고 표현하기도 하였다. 그러나 이는, 상상 속에서 생각된 것을 구체적, 현실적인 존재로 확증하는 식의 어떤 존재를 현실화하면서 여기서만 명증성을 찾는 것이 아니라 그 존재 의미에 충실해 개개의 존재 방식을 고려하면서 "그때그때의 내용에 대한 존재가능성의 명증성"(94)을 확인하는 것이다. 핵심은, 가능한 범위 내에서, 어떤 사태에 대한 명료한 직관이다. 이 과정에서 모순이나 불일치가 발견되면 즉각 그 타당성을 포기해야 한다.

참된 의미에서 그 존재의 명증적 실제성Wirklichkeit은 오직 이러한 "정당한 또는 참된 실제성을 자기부여 하는 명증적 확증의 종합"(95)을 통해서만 확신 가능하다.

"대상에 대한 진리 내지 참된 실제성은 오직 명증성으로부터만 이끌어 올 수 있다. 실제적으로 존재하는, 참되고 정당하게 타당한 대상이, 그 형식과 양식이 어떠하든, 우리에 대해 그 의미를 지니고, 그것도 참된 본성Sosein이라는 명칭 아래 모든 대상에 속하는 규정을 더불어 지닌 채 그러한 것일 수 있는 이유는 오로지 이 명증성 덕분이다." (95)

이와 같은 명증적 확증의 종합은 사실상 현상학적 '구성'과 같은 의미를 지닌다고 볼 수 있다. 이런 점에서 그 정당성의 근거는 전적으로 구성의 주체인 초월론적 주관성에 있다.

"모든 권리는 이로부터[명증적 확증의 종합으로부터] 오며, 우리의 초월론적 주관성 자체로부터 유래한다. 모든 생각 가능한 적합성은 우리의 확증으로서 생겨나는 것이며, 이는 바로 우리의 종합인 바로서 이것의 궁극적, 초월론적 근거를 우리 자신 속에

갖는다." (95)

이미 앞서의 논의를 통해서 밝혀진 바처럼 명증적 확증으로서 명증적 종합이란 구체적인 현실적 존재에 대한 그때그때의 체험의 확실성을 말하는 것이 아니다. 만약 이것만이 명증성으로 규정된다면 다양한 존재들의 명증적 구성에 대해 말할 수 있는 영역이 극히 제한된다. 그리고 사실상 어떤 대상성에 대해 제대로 말하기도 어렵다. 왜냐하면 인간의 대상인식은 사실상 이전의 기억을 토대로 재구성한 형태이기 때문이다. 사실 우리는 앞서도 언급한 것처럼 기존의 선행적 지식이나 습성을 바탕으로 인식하며, 항상 기존에 이미 알고 있는 유형이나 형식에 맞게 인식을 한다. 엄밀히 말해, 대부분의 인식은 모두 이처럼 과거의 기억이나 습성에 의존을 하고 있고, 전혀 새로운, 완전히 백지상태에서 출발하는 순수한 인식이란 매우 드물다.

물론 우리는 어떤 대상에 대한 최초의 명증적 인식에 대한 경험을 지니고 있다. 그러나 이 경험은 우리 의식 속에서 사라지는 것이 아니라 의식 내부에 보존되면서 나의 일부가 된다. "모든 명증성은 나에 대해 지속적인 소유를 정립한다"(95). 그리고 이후에 나는 언제라도 이러한 명증적 인식경험의 회상을 통해 여기로 되돌아갈 수 있다. "그 자체 직관된 실제성에로 나는 최초의 명증성의 재생으로서 새로운 명증성의 연쇄 속에서 언제라도 다시 되돌아 갈 수 있다"(95). 이를 통해 나는 특별히 과거의 경험을 재현할 필요 없이 즉각적으로 유사한 체험을 하게 되며, 이는 현재 나의 명증적 인식의 토대가 될 수 있는 것이다. 이러한 가능성이 없다면 우리에게는 어떠한 지속적인 대상도 존재할 수 없고, 타당한 실제적, 관념적 세계도 존재하지 않을 것이라는 것이 후설의 주장이다. 곧 모든 인식은 역사성을 지니면서 잠재적이고 가능적인 무한한 지평을 지니고 있다. 이 잠재성의 영역에 대한 고려를 통해 비로소 명증성에 대한 참된 인식도 가능해진다. 개별적 명증성은 그 자체로 의미가 있을 수는 있지만 이를 둘러싼 잠재적 명증성의 연관을 고려할 때만 참된 대상인식 내지 진리성을 가능케 한다는 것이다.

"모든 존재자는 가장 광의의 의미에서 그 자체로서 존재하며 개별적 작용들이 나에 대해 우연적으로 있는 것과 대립해 있다. 마찬가지로 모든 진리는 이것의 가장 광범위한 의미에서 진리 자체이다. 이 '자체'라는 광의의 의미는 따라서 명증성을 가리킨다. 그러나 이 명증성은 체험사실로서의 명증성이 아니라 초월론적 자아와 그의 삶 속에서 정초된 어떤 잠재성을 가리킨다." (96)

4. 세계경험의 지평적, 추정적 명증성

앞서의 논의에서 확인한 바와 같이, 하나의 명증성은 "동일한 대상에 대해 명증성의 무한성"(96)을 함축하고 있다. 이러한 전제하에서 다시 살펴봐야 할 것이 세계의 명증성이다. 우리에게 외적 세계는 사실상 오직 외적 경험을 통해서만 주어진다. 그러나 외적 경험의 대상은 일면적으로만 주어진다는 한계를 지닌다. 이런 점에서 초월적 세계는 충전적이지는 못하다. 그러나 비록 일면적으로 주어지는 것이라 할지라도 일면적으로 주어지는 것은 항상 그 지평성과 더불어 제시된다. 그리고 이 지평성을 형성하는 것이 구성의 본질적 역할이라는 점도 확인한 바 있다. 그러므로 세계경험은 외적 경험의 한계에도 불구하고 그 지평성을 통해 더불어 주어지는 것이므로 세계경험에 대해서도 나름대로 명증성을 부여할 수 있다. 다만 세계경험 속에 함축된 무수한 잠재적 지평을 더불어 의식하면서, 이 잠재적 지평성을 최대한 구체화하고 명증화하는 방식으로 명증성의 불완전함으로부터 명증적인 종합적 이행으로 전이하는 것을 전제하거나 또 그러한 경우에 한해서이다.

"세계의 실제성과 이것의 초월성을 해명하고 그다음 이를 의미와 존재의 실제성을 구성하는 초월론적 주관성과 불가분리로 연관되어 있음을 입증하는 것은 궁극적으로 오직 경험지평의 드러냄이다." (97)

물론 세계경험의 잠재적 지평은 사실상 무한한 것일 수 있으므로, 어떤 명증적 종합의 시도도 완벽한 충전적 명증성에 이를 수는 없으며, 항상 "충족되지 않은 미리 생각함과 더불어 생각함"(96)을 필연적으로 동반할 수밖에 없다. 세계는 이런 점에서 부단히 하나의 완전한 명증성을 이념적으로 지향하고 있다는 점에서 "완전한 경험의 명증성이라는 이념, 가능한 경험의 완전한 종합이라는 이념에 대한 하나의 상관적 이념"(97)으로 간주할 수 있다. 그러나 그 이념에 따를 때는 여전히 불완전성을 지니지만, 세계경험의 핵심인 "외적경험은 본질적으로 유일하게 확증하는 힘"(97)으로서 잠재적, 습성적 명증성을 포괄하는 수동적, 능동적 경험의 모든 계기들과 종합해서 세계경험을 수행할 경우, 명증적 인식의 자격을 가질 수 있다. 이런 의미에서 후설은 세계경험의 명증성을 "추정적 명증성"(96)이라고 부르기도 한다. "무엇을 완전한 방식으로 혹은 필연적으로 존재하는 것으로 부여하는 절대적 명증성만을 명증성으로 타당하게 하는 것은 중대한 오류이다."[5]

5. 명증성들의 결합으로서 이념적, 총체적 명증성

앞서 세계경험의 예에서도 언급되었지만, 우리의 인식 체계는 단순히 현재의 감각적 체험에만 근거한 것이 아니라 이와 연관된 무수한 잠재적, 가능적 경험 체계를 두루 관리하고 있다. 따라서 어떤 개별적 명증성도 그 자체로 고립된 채 완결성을 지닐 수 있는 것이 아니라, 다른 잠재적 명증성들과 연관성을 이루고 있다. 사실 어떤 대상에 대한 인식도 그 지평성을 고려하면 완전하다고 볼 수는 없다. 그러나 이는 인간인식의 불완전성이나 결함이라기보다는 인간인식의 본성 때문이라고 할 수 있다.

개개의 대상들은 존재로서 무수한 규정을 지니고 있으며, 존재 영역이나 방식에 따라 다양한 모습을 지니고 있다. 가령 한 대상은 공간성, 시간성, 물체성, 인과성 등에 따라 각기 다른 측면에서 바라볼 수 있고, 또 이들 각각에 상응하는 명증성들의 종합으로서 구성되는 것이기도 하다. 이처럼 개개 경험에 함축된, 모든 상이한 명증성들이 서로 결합된 "무한한 하나의 총체적 명증성"(98)을 고려해야 한다. 그리고 이 총체적 명증성은 곧 "대상을 궁극적으로 그것의 전 측면에 따라 그 자체로서 제시하는 것이자, 이것의 종합에 따라 규정짓는, 개별적 명증 속에서 아직 충족되지 않은 선 지향적인 모든 것이 충전적 충족에 이르게 될 수 있는, 하나의 절대적으로 완전한 명증성"(98)으로 불릴 수 있다. 이 절대적 명증성을 현실화하는 것은 사실 무의미하거나 불가능한 것일 수 있다. 그럼에도 모든 개별적 명증성은 이 총체적, 절대적 명증성을 지향하고 또 이와 연관성을 지니게 된다. 곧 모든 대상에 대한 초월론적 구성은, 그 본래적 의미에 따를 때, 이러한 총체적 명증성의 본질적 체계를 함축하고 전제하고 있는 것이다. 이런 맥락에서 이 총체적 명증성을 이것의 구체적 현실성에 따라 ―이는 사실 무의미할 수 있으므로― 주제화하는 것이 아니라 이것의 '본질적 구조'에 따라 해명하는 것이 초월론적 현상학의 중요하면서도 거대한 과제가 될 수 있다. 이는 곧 "초월론적 체험으로서 경험 자체 속에 함축된 지향성의 드러냄"(98)이자 "지향적 상관성에 대한 부단한 탐구를 통해 이루어지는 해명"(99)으로서 "가능한 충족시키는 명증성으로의 전이를 통한 앞서 예시된 지평들의 체계적인 해석, 따라서 언제나 다시금 이 지평들 속에서 하나의 특정한 양식에 따라 항상 다시 생성되는 새로운 지평들에 대한 체계적인 해석"(98-99)을 의미한다.

이로써 세계에 대한 초월론적 현상학적 해명은 실제적, 잠재적, 개별적, 총체적 명증성을 모두 포괄하는 광범위한 것으로서 단편적이 아니라 복합적, 총체적으로 세계의 존재성을 고려하는 것임을 알 수 있다. 이에 따라 어떤 대상에 대해 이것의 외면적, 단편적 특성에 따라서가 아니라 잠재성과 지평성 등의 복합적 요소를 고려해, 이것의 가장 낮은 단계에서부터(가령 내재적 시간의식의 단계) 보다 높은 단계에 이르기까지, 곧 낮은 단계

가 높은 단계의 존재를 정초하는 그 정초의 방식을 밝혀 가면
서 구성적이라는 형식을 통해서 체계적으로 해명하고자 하는
것이 후설의 구성적 현상학의 의도인 것이다.

8장
제4성찰: 초월론적 주관성의 역사적 이해와 발생적 현상학

1. 체험의 동일한 극으로서의 자아

앞서의 논의들이 주로 지향적 대상성과 이를 가능하게 하는 의식작용으로서 구성작용에 대한 논의였다면, 제4성찰은 이 초월론적 주관성에 대한 자기해명 내지 초월론적 자아의 성격에 대한 분석이 주종을 이룬다. 앞서 자아와 그 상관자인 지향적 대상과의 관계는 충분히 밝혀졌고, 이 세계는 자아에 대해 하나의 지향적 대상으로서 존재한다. 그런데 이 자아를 대상성과의 관계에서가 아니라 이제 체험과의 관계에서 바라본다면, 초월론적 자아는 우선 모든 체험을 관통해 동일하게 존재하는 것으로 파악된다.

초월론적 자아는 단적으로 하나의 체험류로서 체험의 통일체이다. 이 흐르는 체험을 관통하면서 모든 자신의 체험들을 하나의 통일성 속에서 동일한 자신의 체험으로서 경험하는 의식의 통일체가 바로 초월론적 자아이다. 곧 모든 자아의 체험은 이 자아와 불가분리의 관계를 맺는다. 초월론적 자아는 "자신을 단지 흐르는 삶으로서만이 아니라 이것 저것을 체험하고, 이 의식작용 내지 저 의식작용을 하나의 동일한[동일한 나에 속한] 것으로 생생하게 체험하는 자아로 파악한다"(100). 앞서의 논의에서는 의식과 대상, 곧 의식작용과 의식된 대상과의 지향적 관계에 집중해, 여러 다양한 체험을 관통해 동일한 것으로 이해되는 대상의 동일성의 극만이 주로 부각되었다. 그러나 이제는 두 번째 극화Polarisierung로서 여러 체험을 관통해 동일한 것으로 존재하는 동일한 자아극으로서의 자아의 성격이 부각될 수 있다. 곧 "의식작용의 특수한 다양한 양태들을 전부 다 고유한 방식으로, 말하자면 동일한 자아의 것으로서 포괄하고 의식활동과 촉발됨으로서 모든 의식체험들 속에 살고 있는, 그리고 이를 관통해 모든 대상극과 연관된"(100) 그러한 동일성으로서의 자아의 특성이 나타난다. 이러한 자아를 가리켜 후설은 각별히 "체험의 동일한 극으로서의 자아"(100)라고 표현하였다.

2. 습성의 기체로서의 자아

체험의 동일한 극으로서의 자아가 형식적인 측면에서 바라본 자아의 모습이라면 자아를 하나의 역사성의 측면에서 바라볼 때, 자아는 나름의 습성Habitualität을 지니고 있는 존재로 파악된다. 즉 자아는 역사를 통해 형성된 자신만의 고유한 습성의 체계를 지니고 있으며, 바로 이 점이 한 자아를 다른 자아와 구별해 하나의 개성 있는 인격적 자아로 만들기도 한다.

습성의 형성은 사실 단기간 내에 이루어질 수 있는 것이 아니라 일종의 확신과 결단 혹은 최초의 앎과 같은 계기들이 내 속에 남게 되고, 이것들이 시간의 흐름을 거쳐 나의 지속적인 믿음 내지 지식과 같은 것으로 자리 잡으면서 이루어진다. 한번이루어진 나의 앎이나 결단은 일단 이루어지면 쉽게 사라지지 않고, 별도의 폐기나 취소작용이 없는 한, 나의 지속적인 소유물이 된다. 그리고 이후, 나는 언제라도 다시 이러한 앎이나 결단으로, 그것도 능동적인 의식작용 없이도 무의식적으로 얼마든지 되돌아갈 수 있다. 이것이 나에게 습관적인 고유한 것으로 습성화하면서 내게 "머물러 있는 습관"(101)이 되었기 때문이다. 이것이 나에게 머물러 있는 한, 나는 이러한 습성을 지닌 "지속하는 자아"(101)로 인식될 수 있다. 그러나 이를 폐기하거나 취소할 경우, 이는 더 이상 나의 습성으로서 남지 않게 되고, 이때 나는 사실상 나 자신을 변경하게 되는 것이다. 이처럼 습성은 내 자아의 정체성을 이룰 정도로 매우 긴밀한 불가분리의 관계를 맺고 있다.

이와 같이 습성을 지니고 있는 자아는 이 습성을 토대로 자신의 모든 체험 및 행동에 관여하게 되고 또 영향을 미칠 수밖에 없다. 역사 속에서 하나의 통일성을 이루면서 "머무르며 지속하는 인격적인 자아"(101), 곧 "그러한 [일부 습성의] 변경 속에서도 관통하는 '동일성 통일체로서' 하나의 지속하는 양식, 곧 인격적인 특성"(101)을 지닌 자아가 형성될 수 있는 것은 바로 이에 근거한다.

3. 모나드로서의 자아

체험의 동일한 극으로서의 자아와 습성의 기체Substrat로서의 자아와 구분해 구체성과 역사성을 지니는 "완전한 구체성에서 이해된 자아"(102)를 가리켜 후설은 '모나드'라고 하였다. 이 용어는 라이프니츠의 표현을 참고한 것으로, 모나드로서의 자아는 라이프니츠의 모나드 개념과 유사하게 생동성과 구체성 그리고 다른 자아와 구분되는 단일성 내지 개별성과 같은 특징을 지닌다. 무엇보다 모나드적 자아는 역사 흐름 속에서 형성되고 발전하는 자아의 특성을 가리킨다. 이런 맥락에서 후설이 말하는 모나드적 자아는 어떤 형식적이고 추상적인 측면에서 자아를 특징짓는 것이 아니라, 자아의 고유한 개성과 역사성 그리고 이러한 구체적 자아와 긴밀한 연관관계를 맺고 있는 그의 친숙한 세계와의 관계를 통해서 그 의미가 규정된다. 모나드적 자아는 역사적으로 형성된 습성을 자체 내에 지니면서 이 습성을 바탕으로 습성의 상관자일 수 있는 친숙한 자신의 고유한 주위세계Umwelt를 형성하는 것이다. 이 주위세계는 단순히 일방적으로 나에게 주어져 있는 것이 아니라, 내가 스스로 의미를 부여한 친숙한 세계로서, 자아가 구체적일 수 있는 것은 바로 이 세계를 자신의 세계로서 인식하고 있기 때문이다.

나에 대해 존재하는 모든 대상들은 어떤 식으로든, 발생적으로 볼 때, 최초의 "근원적 알게 됨"(102)의 계기를 지니고 있으며, 이는 사라지지 않고 나에게 지속적으로 머무르면서 바로 내 자아의 습성을 형성하게 된다. 이를 통해 이 대상이 습성의 일부로 편입되는 한 이 대상은 나에게 속하게 된다. 그리고 이런 식으로 친숙한 대상들의 세계인 나의 주위세계가 형성되는 것이다.

"이 존재정립과 존재해석이라는 나의 활동이 나의 자아의 습성을 건립한다. 그리고 이 습성에 의해 이제 이 대상은 자신의 규정을 지닌 대상으로서 지속적으로 나의 것이 되는 것이다. 이러한 지속하는 획득물은 아직 획득된 것은 아니지만[명료하게 인식된 것은 아니지만] 형식적인 대상의 구조와 함께 미리 앞서서 예기되는 미지의 대상들의 지평을 지닌, 그때그때 알려져 있는 [친숙한] 나의 주위세계를 구성한다." (102)

이러한 습성의 담지자이자 친숙한 주위세계의 상관자로서
이 세계를 자신 안에 지니고 있는 이 모나드적 자아는 이미 암
시된 대로 역사적인 주체로서 "모든 실제적이고 잠재적인 의식
삶을 포괄한다"(102).

4. 자아에 대한 형상적 분석

초월론적 환원에 의해서 도달된 초월론적 주관성은 일단 개
별적이고 사실적이며, 유한하고 또 유일한 주관성이다. 그러므
로 이는 하나의 모나드로서 표현된 구체적인 자아로서 자신에
게 고유한 세계를 지니게 한다. 그러나 개별적 주관성으로서
이 주관성 개개의 체험에 대한 사실적, 경험적 기술을 하는 것
이 현상학의 궁극적 목적은 아니다. 물론 구체적 사실을 기술
하고 드러내는 것도 의미가 있는 작업이고 필요한 것이기도 하
지만 하나의 학문으로서 철학을 지향하는 현상학은 이 주관의
보편적, 본질적 구조를 드러내고 해명할 필요가 있다. 다시 말
해서, 현상학은 초월론적 주관성이 지닌 보편적 성격을 밝히
고 이것이 모든 인간에게 내재해 있는 본질적인 것임을 드러

내고자 하는 데 중점을 둔다. 이것의 보편적 성격을 밝히는 것은 이 주관성에 대한 본질분석 내지 해명으로서 이른바 본질을 다루는 형상적eidetisch 방법 내지 "형상적 기술Methode eidetischr Deskription의 방법"(103)이 필요하다. 이 형상적 기술의 방법은 "모든 그러한[경험적] 기술을 하나의 새로운 원리적인 차원으로 옮기는 것"(103)을 의미한다. 이러한 초월론적 주관성에 대한 형상적 분석은 주관성의 경험적 의미나 구체적 사실성을 사상하고 이 주관성을 단순히 추상화, 객관화한다는 것을 가리키는 것은 아니다. 현상학은 구체성을 담지하면서 보편성을 지향하는 학문으로서 있는 그대로의 사태라는 구체성에 바탕을 두고 있다. 그리고 무엇보다 주관과 객관(세계)과의 상관적 탐구라는 지향적 분석의 태도는 계속 유지된다. 따라서 형상적 분석의 단계에서도 구체성과 주관성을 포괄하는 태도에서 이 분석의 방식이 적용된다.

어떤 사태에 대한 본질분석은 후설 현상학에서 초월론적 판단중지와 더불어 현상학의 양대 방법으로 일컬어지는 이른바 '본질직관Wesensanschauung'의 방법을 통해 이루어진다. 후설은 이 본질직관의 방법을 순수본질로 이끈다는 의미에서 '형상적 환원eidetische Reduktion'이라고 불렀다. 본질직관은 본질을 탐구하고자 하는 임의의 한 개체에서 출발하여 이 개체에 대해 지각하는 것부터 시작한다. 그리고 여기에 머무르는 것이 아니라 이 개체에 대한 다양한 변양체를 상상속에서 무수히 떠올리며 변경시킨다. 후설은 이를 가리켜 '자유변경freie Variation'의 방법이라고 부른다. 가령, 책상에 대한 본질파악을 한다고 할 때, 눈앞의 책상이 네모난 형태라면 이를 넘어서 둥근 형태, 삼각형의 형태를 지닌 책상 등을 가능한 방식으로 계속 상상하고 떠올린다. 이는 곧 실제적 개체를 상상 속에서 변경시키는 것으로서 본질파악에 있어서 매우 중요한 단계이다.

중요한 것은, 여기서 상상의 방식이 완전히 자유로운 방식으로, 어떤 틀이나 편견에 가능한 한 얽매이지 않고 이루어져야 한다는 것이다. 실제 현실 속에서 볼 수 있는 책상은 그 현실적 용도에 맞게 제한되어 있지만, 상상 속에서는 이를 뛰어넘는 기발한 모습의 책상을 자유롭게 떠올릴 수 있다. 이렇게 자유롭게, 그리고 임의적으로 상상이 이루어질수록 본질파악의 순수성은 높아진다. 곧 "완전히 자유로운 임의성Beliebigkeit"(104) 속에서 책상의 가능한 형태를 변경시켜 나가면서 책상의 다양한 변체의 계열이 모아질 수 있다. 이처럼 "책상의 형태나 색깔 등을 단지 지각을 통해 나타날 수 있다는 점만을 동일하게 유지한 채 완전히 자의적 허구 속에서 변경시켜 나간다"(104)는 태도로 자유로운 변경을 시도하게 되면, 사실의 세계를 떠나 순수가능성의 세계로 진입할 수 있다는 것이다.

"우리는 이 지각의 사실을 이것의 존재타당성을 유보한 채 순수가능성으로, 그리고 완전히 다른 임의적인 순수가능성 ―그러나 지각의 순수가능성― 으로 전환시킨다. 우리는 흡사 실제적 지각을 사실과 모든 사실 일반과 결부된 모든 것으로부터 자유로운 비실제성의 영역으로, 즉 우리에게 순수가능성만을 부여하는 [가상의] '마치 그러함Als-ob'의 영역으로 옮기는 것이다." (104)

이러한 순수가능성의 영역으로 전이하는 것은 경험적 사실계가 지닌 우연성과 특수성, 상대성을 벗어나 보편적 필연성의 영역으로 전이하는 것을 의미하며, 바로 이 영역에 대상의 본질이 존재한다는 것이 후설의 생각이다. 그러므로 여기서 포착된 본질은 보편성과 필연성의 성격을 지닌다. 가령, 앞서 책상에 대한 본질로 파악된 것은, 책상이라면 반드시 갖추어야 할 최소한의 필수적인 요건(이것 없이는 도저히 책상이라고 생각할 수 없는 것)을 가리킨다는 점에서 필연적이며, 또한 모든 가능한 책상 일반에 두루 타당하게 적용된다는 점에서 보편적이다. "모든 사실들이 하나의 순수한 가능성의 보기로서 생각될 수 있는 한"(105) 본질보편성과 필연성의 성격을 보증한다는 것이 후설의 주장이다. 이는 경험적, 우연적 사실의 세계와 필연적이고 보편적인 수학적, 논리적 세계를 대비시켜 살펴보면 쉽게 이해된다. 후자의 세계는 경험적 사실성의 영역을 벗어난 필연적인 (우연적 현실에 얽매이지 않은) 순수가능성의 세계로 이해될 수 있으며, 이 순수가능성의 세계의 존재나 법칙은 비록 현실에 존재하는 것은 아니지만 플라톤의 이데아처럼 모든 이것의 변양 (현상)으로 이해된 경험적 사실에 필연적으로 타당하게 적용될 수 있는 것이다.

그런데 이렇게 보편성, 필연성의 영역인 순수가능성의 영역에 존재하는 본질은 어떻게 파악할 수 있을까? 후설은, 이 책에서는 자세히 언급하지는 않지만 다른 저서에서는, 임의의 자유변경을 통해서 얻어진 다양한 변체들 사이에 공통적으로 겹치고 합치하는 것을 '직관적으로 포착 내지 통찰'할 때, 본질직관의 마지막 단계가 이루어진다고 서술하고 있다. 바로 여기서 직관된 것이 본질 또는 형상Eidos이라는 것이다. 그렇기에 '본질 직관'이라는 표현이 쓰이기도 한다. 그런데 직관은 이것의 본래적 성격에 따를 때, '원본적으로 부여하는 직관originär gebende Anschauung'으로서 사태를 그 자체로서 있는 그대로를 파악하는 성격을 지니고 있다고 볼 때, 본질파악의 명증적 성격을 보다 강하게 하는 역할을 한다. 이 점은 본질파악이 단순히 추론이나 어떤 매개를 통한 간접적 사유를 통해 이루어지는 것이 아니라 직관을 매개로 최대한 사태에 가까이 접근해 이를 직접적으로 통찰(체험)하는 것임을 강조하는 것이다.

"변경이 명증적인 것으로서, 따라서 순수직관 속에서 가능성으로서의 가능성을 자기부여 하는 것으로서 생각되므로, 이것의 상관자는 직관적이고 필증적인 보편성의 의식이다. 형상 자체는 이것의 고유한 직관적 의미에 적합하게 하나의 직관된 내지는 통찰가능한 보편자이자, 하나의 순수한 무제약적인, 말하자면 어떤 사실로부터 제약을 받지 않은 보편자이다." (105)

이렇게 대략 세 단계(개체에 대한 지각, 자유변경, 다양한 변양체들 간에 공통된 것의 직관적 포착)에 걸쳐 이루어지는 본질직관의 방법을 이제 초월론적 자아에 적용해 보면, 사실적 초월론적 자아는 본질직관을 통해 사실적 자아의 영역으로부터 순수가능적 자아의 영역으로 진입하면서 이른바 초월론적 자아 일반의 보편적 형상이 도출된다. 이 보편적 형상으로서의 자아는 사실적 자아가 순수 본질의 영역으로 이끌어 올려진 것이라고 하더라도 고립된 자아 자체의 추상적이고 형식적인 면만 나타내는 것이 아니며, 사실적, 개별적 자아가 본래 지닌 역사성과 세계연관성 등을 여전히 함축하고 있는 구체적 보편성 속에서 드러난다. 곧 자아의 지향적 구조와 지평성 그리고 대상성과의 연관 등은 여전히 지닌 채로 파악된다. 이는 기본적으로 본질직관이 개체직관을 바탕으로 이루어지고, 개체직관의 내용 등이 이후에 자유변경 속에서도 사라지지 않고 여전히 남게 되며, 또 이를 함축하면서 본질이 직관적으로 파악되기 때문이다. 이는 또한 후설의 본질직관의 방법이 내용을 사상해 버리는 추상화나 사변적 추론의 방법이 아니라 개개의 내용을 모두 통찰하면서 공통된 핵심을 직관하는 방법이기 때문에 가능한 것이기도 하다. 사실 다양한 변체를 상상 속에서 무수히 떠올리는 자유변경 방법은 기존의 내가 지닌 지평의식과 습성의 요소를 드러내는 작업이라고도 볼 수 있다. 왜냐하면 아무리 내가 임의성 속에서 변체를 만들어 나간다고 하더라도 이는 기존의 내가 가진 습성적 선지식의 틀을 넘어서지는 못하기 때문이다. 가령, 사과의 다양한 변체를 떠올리면서 이와는 전혀 다른 유형인 배나 참외의 변체를 상상하지는 않을 것이기 때문이다. 그러므로 본질직관의 방법을 통해 기존에 내가 가진 습성 내지 지평의식의 틀이 오히려 드러나기도 하는 것이다.[6] 본질직관은 내가 지닌 잠재적 삶을 드러내는 것으로서 "현상학에서 모든 본질탐구는 나의 사실적 자아의 모든 순수한 가능성의 변양들과 사실적 자아 자체를 가능성으로 그 자신 안에 포괄하는 초월론적 자아 일반이라는 보편적 형상의 해명과 같다"(105-106).

이렇게 형성된 초월론적 자아에 대한 형상적 현상학이 바로 현상학의 학문성을 규정한다. 곧 본질이 지닌 보편성과 필연성이라는 성격에 따라 현상학에 학문성을 부여하고, 본질적 현상학은 하나의 학문적 철학으로서 그 정당성을 갖게 되는 것이다. 후설에 따르면, 순수가능성에 관한 학문이 실제성에 관한 학문에 선행하고, 전자가 후자를 일반 학문으로서 인식되도록 한다는 것이다.

> "오직 형상적 현상학 속에서 하나의 철학적 학문 ─말하자면 제일철학erste Philosophie─ 의 최초의 실현이 이루어지며 또 이루어질 수 있다. 또한 나의 본래적 관심이 나의 순수자아로의 초월론적 환원 이후에 사실적 자아로서 이 순수자아의 해명이라면, 이 해명은 한 자아로서 자아 일반에 속하는 필증적인 원리, 곧 본질보편성과 필연성에 연관됨으로써만 오로지 하나의 학문적으로 참된 해명이 될 수 있다. 이 본질보편성과 필연성에 의해 사실 Faktum은 자신의 합리적 근거에, 곧 자신의 순수가능성의 근거에 소급해 연관을 맺게 되고, 이로써 학문적(논리적) 성격을 지니게 된다." (106)

5. 초월론적 자아의 체험들의 공존과 연속성

이제 형상적 현상학에서는 초월론적 자아의 개별적 체험과 그 사실이 순수한 가능성에서, 말하자면 본질적인 것의 '보기'

라는 의미에서 구조적으로 이해된다. 그러나 초월론적 자아가
지닌 보편적 구조는 시공을 초월한, 현실성과 역사성이 배제
된 공허한 형식적인 구조가 아니라 초월론적 삶의 다양한 계기
들을 포괄하는 구체적인 것으로서 "형식의 무한성, 곧 그 자신
속에서 실제로 존재하는 것으로 구성될 수 있는 대상들을 지
닌 삶의 가능한 실제성과 잠재성의 아프리오리한 유형들의 무
한성을 그 자신 속에 포괄하는 본질형식이다"(108). 물론 초월
론적 자아에 모든 가능한 계기들이 무질서하게 포괄될 수 있는
것은 아니다. 그럴 경우, 초월론적 자아의 의미 있는 본질구조
는 제대로 파악될 수 없다. 초월론적 자아의 모든 체험들은 나
름의 질서와 법칙, 즉 앞서 언급한 '규칙구조' 속에서 이 자아에
속하고, 또 그런 한에서 조화와 통일성을 이루고 있으며, 이를
근거로 해서만 하나의 정체성과 규정성을 지닌 존재로서 초월
론적 자아의 본질적인 구조의 파악이 가능하다.

"그러나 하나의 통일적으로 가능한 자아에 모든 개별적으로
가능한 유형이 공존할 수 있는 것은 아니며, 이 유형들은 자아의
고유한 시간성의 임의의 질서, 임의의 위치에서 공존 가능한 것

이 아니다." (108)

가령 이성적, 학문적 활동을 수행하는 체험의 본질유형을 탐구한다고 할 때, 이는 이성적 자아로서의 형식과 유형 속에서 말하자면 이성적 존재와의 상관적 관계라는 근본적 틀 안에서 본질적 파악이 이루어지지, 전혀 거리가 먼 동물적, 비합리적 체험의 틀로 확장해서 혼합되어 파악이 이루어지는 것은 아니다. 마찬가지로 어린 시절의 삶을 유형적이면서 본질적으로 파악한다고 할 때, '놀이'와 같은, 이때의 상황에 적합한 고유한 체험들의 본질적 구조는 고려가 될 수 있지만 고차적인 학문적 이론화 작업 등과 같은 이성적 활동의 체험은 이 시기 자아의 상관적 체험으로 주제화될 수는 없다.

이런 식으로 자아의 역사성과 단계 등을 고려해, 그때그때의 상황에 적합한 체험의 계기들만이 서로 공존 가능하고 연속성을 이룰 수 있으며, 이는 자아 체험의 흐름 속에 어떤 질서와 제한을 부여하는 법칙성과 유형이 있음을 암시한다. 곧 모든 자아의 체험은 나름의 시간성을 지니고 이 시간적 연속성 속에서 의미를 지니게 되는 것이다. 이는 시간성이 자아 체험을 통일하고 지배하는 근본 법칙임을 암시하는 것이다.

"그러한 [모든 자아의 체험들이 공존 가능하지 않다는] 제약은 그것의 근거를 하나의 아프리오리한 보편적 구조, 자아론적-시간적 공존과 연속성의 보편적 본질법칙성에 두고 있다. 왜냐하면 나의 자아 속에 그리고 형상적으로 자아 일반 속에 나타나는 것 ―지향적 체험들, 구성된 통일체, 자아의 습성들― 은 무엇이든 간에 자신의 시간성을 지니며, 이러한 관점에서 보편적 시간성의 형식적 구조와 연관을 맺고 있기 때문이다. 이 시간성의 형식적 구조와 함께 모든 생각 가능한 자아가 자기 자신에 대해 구성된다." (108)

6. 발생의 보편적 형식과 발생적 현상학

초월론적 영역에서 동시에 혹은 연속적으로 존재함의 뜻을 지닌 공존 가능성은 양자 사이의 관계를 가리킨다. 그러나 이 관계는 어떤 인과적 관계, '~하면, 반드시 ~한다'라는 식의 원인과 결과의 획일적 관계로서보다는 내적인 정신적 의미부여 내지 선택적 의지가 포함된 동기부여Motivation 맥락에서 이해될 필요가 있다. 그리고 이 동기부여는 능동적인 것뿐만 아니라 수동적 계기를 포괄하는 자아의 전체적 삶 속에서 총체적으로 파악되어야 한다. 이 동기부여의 방식이 곧 자아의 체험을 지배하는 보편적 법칙을 규정하게 된다.

초월론적 자아의 내적 영역을 형성하는 체험의 총체는 "단지 흐름의 보편적인 통일적 형식 속에서 공존 가능한 것이며, 모든 개별적인 것[체험] 자체는 이 속에서 질서를 이루며 존재하게 된다"(109). 여기서 모든 체험을 결합시키면서 하나의 통일성에도 이르게 하고, 이를 질서 세우고 정돈하는 동기부여의 형식을 가리켜 후설은 "보편적 발생의 형식적 법칙성"(109)이라고 부른다. 이 발생의 보편적 법칙성에 따라 모든 시간적 계기들에서의 체험들이 혼란 속에 머물지 않고 질서를 이루게 되며, 의식의 지향적, 구성적 계기와도 조화를 이루게 된다. "이(보편적 발생의 법칙성)에 적합하게 반복해서 흐르는 어떤 주어짐의 방식인 노에시스-노에마적 구조 속에서 과거, 현재, 미래가 하나로 구성된다"(109).

보편적 발생의 법칙은 발생Genesis이라는 개념에서 보듯이 특정한 출발의 시점을 전제하여 가리키고 있으며, 역사성과 시간성을 함축한다. 현상학적으로 발생은 우연한 사건으로서 어떤 다른 체험들과 연관성 없이 단순히 나타났다 사라져 버리는 일회적인 것이 아니라, 어떤 본질적 연관성 속에서 다른 체험의 계기들과 의미의 연관을 이루면서 지속하고 연속하는 통일적인 것으로 이해된다. 무엇보다도 하나의 발생 사건이 다른 발생의 근거가 되거나, 후자가 전자를 포괄하는 방식의 정초적 연관관계의 해명, 곧 "보편적 발생의 형식"(109)을 드러내는 것이 현상학적으로 매우 중요하다. 그러므로 후설에서 발생은 내적 의식의 연속성과 역사성의 법칙을 전제하고 이 범주 내에서 이루어진다. 이러한 발생의 보편적 형식구조에 따라 초월론적 자아는 "말하자면 역사의 통일성 속에서 자기 자신에 대해 구성된다"(109). 그리고 마찬가지로 이와 상관자인 구성된 대상 또한 이러한 역사성을 전제하게 된다.

내가 일상적으로 경험하는 자연, 문화세계, 사회세계 등은 내게 그에 상응하는 다양한 경험 내지 의식의 방식에 따라 경험된다. 그러나 어떤 경험의 방식이든지 여기에는 미리 앞서 제시된 경험의 유형이 작용하며, 이것이 개개의 경험을 지배하게 된다. 그리고 이 밑바탕에는 역사적으로 발생하고 또 형성된 '습성'이 내재해 있다. 사실 인간의 모든 의식작용에는 직간접적으로 이러한 습성의 작용이 큰 역할을 하고 있다. 그러나 이러한 습성의 담지자로서 의식을 이해하는 것은 다시금 의식을 그 역사적 발생의 측면에서 파악함을 뜻하는 것이기도 하다. 습성이란 분명 이것의 역사적 발생과 그 형성과정을 전제하는 것이기 때문이다.

이처럼 시간성과 역사성의 측면에서 자아와 그 상관자인 세계를 그 궁극적 발생으로 되돌아가 이해하고자 하는 현상학의 유형을 가리켜 후설은 1920년대 이후로 "발생적 현상학 genetische Phänomenologie"(103)이라고 하였다. 그리고 이 발생적 현상학의 체계가 후설 후기 현상학의 특징이다. 발생적 현상학과 대비된 그 이전의 현상학을 가리켜 후설은 '정적 현상학statische Phänomenologie'이라고 불렀다. 정적 현상학은 의식을 시간성과 역사성의 계기를 배제한 채, 주로 그 형식적 구조에 따라 설명하기 때문에 앞서 언급한 의식의 구체적, 역사적 성격을 제대로 파악하기는 어렵다. 의식의 상관자인 이 세계 또한 그 지평적 구조에 따라 해명하기도 어렵고, 여러 세계 사이의 발생적,

정초적 연관관계도 정확히 이해할 수는 없다. 따라서 정적 현상학은 "그의 기술이 개개 유형을 좇아 이를 기껏해야 분류하면서 체계화하는 박물학적인 기술과 유사할 뿐이다. 보편적 발생과 자아의 보편성 속에서 시간형성을 넘어서 있는 이 자아의 발생적 구조에 대한 물음에는 아직 가까이 가지도 못했다"(110). 보편적 발생의 문제를 다루는 발생적 현상학은 이런 점에서 정적 현상학의 한계를 보완할 수 있는, 보다 높은 단계의 문제를 다룰 수 있는 체계라고 할 수 있다.

7. 능동적 발생과 수동적 발생

현상학에서 '발생'은 단순히 인과적인 의미에서 심리적, 생물학적 기원을 의미하는 것이 아니라 이것이 구체적인 인식과 연관을 맺고 있다는 점에서 인식론적인 차원의 논의가 주로 이루어진다. 따라서 현상학적으로 이는 구성적 의미를 지닌다. 이런 의미에서 후설은 "구성적 발생"(111)이라는 표현을 쓰기도 한다. 그리고 이러한 의미의 발생을 크게 '능동적 발생aktive Genesis'과 '수동적 발생passive Genesis' 두 가지로 구분하기도 한다.

우선 능동적 발생에 대해 살펴보면, 이는 능동적인 인식활동을 수행하는 자아에 의해 이루어지며, 이때 자아는 무엇인가를 새로이 능동적으로 산출하고 구성하면서 인식하는 역할을 한다. 우리의 이성적 활동 대부분이 여기에 포함될 수 있다. 이런 의미에서 후설은 "가장 광의에서 실천적 이성의 모든 활동"(113)이 이에 속하고, '논리적 이성'도 실천적이라고 하면서 사실상 모든 이성의 활동을 능동적 발생과 연관 짓는다.

이성의 두드러진 활동은 근본적으로 다양한 것을 모아 정리하고 종합하는 것이다. 이를 통해 현상학적 의미에서 대상이 구성된다. 그리고 이 구성 활동을 통해 우리는 대상을 명료하게 인식하게 된다. 물론 단지 개별적 사물만이 아니라 모든 학문적, 이론적 활동이 여기에 포함될 수 있으며 계산하고 추론하고 판단하는 작용 일체가 여기에 근거를 두고 있다. 앞서 논의한 본질직관도 사실상 이것에 토대를 둔 작용이라고 할 수 있다.

능동적 발생은 이 발생의 의미에 충실할 때, 어떤 새로운 인식활동이 시작되거나 이루어졌음을 가리키는 것으로서 이를 통해 하나의 새로운 대상성이 형성되었음을 의미한다. 후설의 표현에 따르면 '새로운 대상이 근원적으로 구성'되는 것이다. 가령 어린아이가 이전에 몰랐던 어떤 대상의 의미(예를 들면 가위)를 최초로 알게 되는 경우가 이것의 전형적인 경우라고 하겠다. 그런데 이때 어린아이가 알게 된 대상의 최초의 의미는 그냥 사라져 버리고 잊히는 것이 아니라 여러 반복된 경험을 거쳐 이후에도 지속적으로 타당성을 갖는 하나의 습성적 지식으로서 남게 된다. 그리고 이후 다른 유사한 사례의 능동적 인식에도 그 바탕으로서 영향을 미치게 된다. 그러므로 능동적 발생은 전혀 새로운 백지상태에서 이루어지는 것이라기보다 어떤 식으로든, 말하자면 습성과 같이 그 바탕을 이루는 "이미 앞서 주어져 있는 대상들의 토대"(111) 위에서 이루어지는 것이라고 할 수 있다. 이 능동적 발생의 바탕을 이루는, 수동적으로 이루어지는 또 다른 발생의 영역을 가리켜 후설은 '수동적 발생'이라고 불렀는데, 이에 대해서는 뒤에서 논의하도록 한다.

능동적 발생을 통해 근원적으로 정립된 새로운 대상성 내지 이에 대한 인식은 이미 언급한 것처럼 습성화되어 사실상 나의 소유가 되었기 때문에 언제라도 나는 여기로 반복해서 되돌아 갈 수 있고, 사실상 특별한 노력 없이도 이를 떠올릴 수 있게 된다. 능동적 인식의 산물은 이처럼 습성화를 거쳐 나의 '수동적인 의식'의 영역으로 침잠하게 되는 것이다. 그런데 이 수동적의식은 모든 능동적 인식의 토대를 이루면서 부단히 능동적 인식이 가능하도록 도움을 준다는 것이 후설의 주장이다. 이러한능동적 인식의 바탕이 되는 수동적 의식의 영역이 사실 발생적현상학의 중심주제이자 이른바 수동적 발생의 터전이 된다. 이런 의미에서 후설은 다음과 같이 말한다.

"어떠한 경우에도, 그러나 능동성의 모든 구축은 필연적으로낮은 단계로서 앞서 부여하는 수동성을 전제하며, 이에 따라 우리는 수동적 발생을 통한 구성에 마주치게 된다. 삶 속에서 우리에게, 말하자면 현존해 있는 단순한 사물로서(예를 들면 이를 망치, 책상, 미적 산출물 등으로서 알게끔 하는 모든 정신적geistig 특성을 도외시한다면) 이미 완성되어fertig[형태를 갖추어] 나타나는 모든 것은 수동적 경험의 종합을 통해 그것 자체의 근원성 속에서 주어진다. 사물은 능동적 파악과 함께 나타나는 정신적 활동성에 이러한 것으로서 앞서 주어져 있다." (112)

앞서의 인용문처럼, 능동적 인식의 바탕을 이루는 우리의 수동적 의식, 정확히 표현하면, 수동적 인식에서 핵심이 되는 것은 수동적 종합passive Synthesis이다. 그리고 이 수동적 종합을 통해 이루어지는 것이 수동적 발생이라고 할 수 있다. 수동적 종합은 종합이라는 표현이 있기는 하지만 어떤 능동적 의식이 개입해 이루어진 것은 아니다. 그럼에도 불구하고 이는 어떤 종합적 인식활동이 수동적으로 이미 이루어지는 것을 의미하며 명료하게 인식된 것은 아니지만, 무엇인가를 특정하게 주시하고 이에 집중하고 있을 때 그 배경으로서 더불어 의식되는 것이 특징이라고 할 수 있다. 가령 움직이는 차 안에서 라디오 소리를 듣고 있을 때, 차 밖에서 들리는 소리(가령 차 엔진 소리나 노면, 바람 소음 등)는 정확히 인식된 것은 아니지만 어떤 형태를 가지고 분명히 나에게 의식되기는 한다. 우리는 보통 이 사실을 나중에 인지한다. 그런데 분명 이렇게 배경으로서 의식되는 것은 나의 능동적인 인식활동의 종합적 산물은 아니지만 그래도 수동적으로 종합되어 의식된 것은 맞다. 말하자면 수동적으로 이미 구성되어 있는 것이다. 이것을 가능케 하는 것이 바로 수동적 종합의 활동으로서, 이 수동적 종합은 항상 나의 능동적

인식활동의 저층에서 나의 습성과 같이 어떤 식으로든 작용하고 있다.

> "이것의(정신적 활동성의) 종합하는 활동이 수행되는 동안 이에
> 재료Materie를 제공하는 수동적 종합이 항상 계속해서 활동하고
> 있다. 수동적 직관 속에서 앞서 주어진 사물은 통일적인 직관 속
> 에서 계속해 나타나며, 이때 부분이나 특징에 따라 해명이나 개
> 별적 파악이라는 활동을 통해 이것이 아무리 변양된다고 하더라
> 도 이는 이 활동이 유지되는 동안 또 이 속에서도 앞서 주어져 있
> 는 것으로서 계속 남아 있다." (112)

이러한 수동적 종합을 가능케 하는 것은 물론 근원적으로 우리 의식의 가장 저차원의 기본적 형식인 '내적 시간의식' 때문이고 이것의 종합에 근거한 것이다. 그리고 나의 기본적인 신체적 지각능력, 즉 보다 명료한 대상의식을 위해 무의식적으로 눈이나 고개를 돌린다든지, 그 주위를 더 자세히 돌아본다든지 하는 신체적 운동감각Kinästhese과 그 구조 등도 여기에서 중요한 기능을 한다. 그러나 이와 더불어 후설은 바로 뒤에서 설명

할 연상Assoziation 작용이 수동적 종합에서 보다 실질적이고 핵심적인 역할을 한다고 보고 있다. 그리고 그런 의미에서 연상을 "수동적 발생의 원리"(113)라고 규정하였다.

연상이 보통 무의식적으로 유사한 것끼리 서로 연관시키거나 유사한 것을 떠올리는 작용이라고 할 때, 연상 작용은 최소한 이미 기존에 알고 있는 어떤 것 내지 선행적 지식을 전제할수밖에 없다. 이렇게 보면, 여기에는 앞서 언급한 습성화된 나의 기존의 지식 등이 작용할 수밖에 없을 것이다. 그리고 이는 수동적 종합 또한 아무리 수동적이라도 기존의 능동적 활동내지 주변환경과의 연관성 속에서 이루어지는 역사적인 것임을 의미한다. 곧 수동적 종합은 자아의 역사를 전제로 한다. 그렇기 때문에 후설은 수동적 발생이라는 표현을 쓸 수 있는 것이다.

"그러나 바로 이러한 종합[수동적 종합]은 이러한 형식의 종합으로서 이 종합 자체 속에서 드러나는 자신의 역사를 지니고 있다. 자아인 내가 첫눈에 한 대상을 경험할 수 있는 것은 본질적인 발생에 기인한 것이다. [⋯] 우리들이 이른 유아기에 사물 일반을 보는 법을 처음에 배워야만 했고, 그와 같은 것이 사물에 대한 모든 다른 의식방식에 발생적으로 선행함에 틀림없다는 것은 충분한 합리적 근거를 지니고 있다. 이른 유아기에, '앞서 부여하는 지각장'은 따라서 단순한 봄Ansehen 속에서 사물로서 설명될 수 있는 어떠한 것도 지니고 있지 않다. [⋯] 성찰하는 자아인 우리는 경험현상 자체, 사물을 경험하는 현상들과 모든 그 밖의 현상들의 지향적 내용 속으로 파고 들어감으로써 역사로 이르는 지향적 지시를 [⋯] 알 수 있다." (112)

수동적 종합 속에서 미리 구성된, 말하자면 분명하게 인식된 것은 아니지만 명료한 인식을 위한 가능적, 잠재적 토대로서 우리에게 이미 주어져 있는 것은, 그러나 아무렇게나 주어지는 것은 아니다. 이는 나름의 역사와 질서를 지니고, 또 충분한 합리적 근거를 지닌 채 부단히 우리의 의식 속에서 활동하고 있는 것이다. 이러한 수동적 종합 활동이 없었다면 우리는 어떤 능동적 인식도 불가능할 것이다. 수동적 종합은 능동성에 선행하지만, 한편으로 능동성 자체를 포괄하면서 새로운 종합을 가능하게 하며, 이는 다시금 능동적 종합의 바탕을 이루게 된다.

나의 자아는 바로 이러한 수동적 종합에 근거해서 친숙한 대상들의 주위세계를 갖게 한다. 이 친숙한 주위세계는 앞서 습성의 상관자로서의 세계와 같은 의미를 지니는 것으로서 곧 이 세계 형성의 바탕에는 수동적 종합의 활동이 작용하고 있음을 알게 된다. 우리 주위의 대상들이 우리에게 친숙성을 지니고, 나아가 이 속에서 우리가 아무리 낯선 것이라도 최대한 기존에 알려져 있는 친숙한 대상의 유형적 틀을 가지고 인식하려는 경향을 지니는 것은 바로 이 수동적 종합 기능 덕분이라고 할 수 있다.

"자아는 항상 이 수동적 종합(여기에 따라서 또한 능동적 종합의 활동이 관여하기도 하는) 덕분에 대상들의 환경Umgebung을 지니게 된다. 발전된 자아로서 나를 촉발하는 모든 것이 대상으로서, 즉 알게 될 '서술되고 표현될 수 있는 대상으로서 인식된다는' 사실이 이미 여기에 해당된다. 왜냐하면 수동적 종합은 알려진 것으로 만드는, 곧 하나의 대상을 지속적인 소유물로서, 또 반복해서 접근 가능한 것으로 구성할 그러한 것으로서 설명할 가능성을 위한, 이미 알려진 가능한 목적형식Zielform이기 때문이다. 그리고 이 목적형식은 하나의 발생으로부터 유래하는 것으로서 앞서서 이해된다. 이 목적형식은 이 자체가 이 형식의 최초의 근원적 정립Urstiftung을 소급해 가리키며, 모든 알려진 것은 근원적인 알게 됨Kennenlernen의 사건을 지시한다. 우리가 미지의 것이라고 말하는 것은 그럼에도 기지성Bekanntheit의 하나의 구조형식, 즉 대상이라는 형식, 보다 자세히는, 공간적 사물, 문화적 대상, 도구 등등의 형식을 지니고 있다." (113)

8. 수동적 발생의 원리로서 연상의 현상학적 의미

앞서 우리는 수동적 발생의 보편적 원리로서 후설이 연상을 지목한다고 간략히 언급했다. 연상이란 유사한 혹은 연관성이 있는 감각적 인상들끼리 서로 결합하고 모이는, 또 이 유사성을 떠올리는 그러한 심리적 경향을 가리키는 용어로서 사실 엄격히 보면 심리학적인 용어일 수 있다. 그러나 후설은 이것이 심리학의 근본개념일 수 있음을 인정하면서도, 한편으로 이를 철저히 초월론적 현상학의 기본원리로서 "초월론적 현상학적 근본개념"(113-114)으로 규정한다. 이 연상개념은 뒤에서 논의할 초월론적 상호주관성의 해명을 위해서도 매우 중요한 역할을 하는 개념이다.

후설은 연상작용이 흄 이래로 심리작용으로서 인간의 마음과 연관을 지닌 것으로 이해되었다고 하더라도, 단순히 이를 마음의 '중력'과 같은 것으로서 경험적 자료들의 복합성을 지배하는 단순한 경험법칙으로만 한정하는 것은 이것이 지닌 지향적 구조를 간과한 채 이를 왜곡하는 것이다. 연상작용이 현상학에서 새로이 주목되는 것은 심리작용 측면보다는 지향적 상관관계 속에서 자아와 대상의 의미가 이를 통해 보다 충실하고 풍부하게 규정되기 때문이다. 심리학적으로만 볼 때 심리작용 자체에만 주목한 나머지, 이러한 연상작용의 주체인 자아와 대상과의 연관성이 제대로 드러나지 못한다. 연상은 철저히 자아와의 연관성 속에서, 특히 이것의 내적 시간의식의 구조에 바탕을 두고 그 상관자인 대상성을 포괄하면서 이해할 때 비로소 제대로 그 전모가 드러날 수 있다. 이런 의미에서 후설은 연상이 "경험적 법칙성에 대한 단순한 명칭이 아니라 […] 순수자아의 구성의 지향적 본질법칙성, 이것 없이는 자아가 그것으로서 생각될 수 없는 본래적인eingeboren 아프리오리의 영역에 대한 하나의 명칭, 그것도 대단히 포괄적인 명칭이다"(114)라고 말한다. 물론 이러한 연상작용에 대한 현상학적 이해는 발생적 현상학 속에서 자아의 역사성과 그 발생에 대한 이해가 충분한 경우에 한해서 가능하다. 발생적 현상학에서는 시간 속에서 지속하는 것으로서 자아가 이해되고, 이러한 자아의 속성에 따라 개개 자아의 체험은 모두 자아의 통일성 속으로 포괄된다. 이러한 과정에서 개개의 체험 사실들은 고립된 채 이것만 따로 보면 비합리적이고 의미가 없어 보일 수 있지만 전체적인 자아의 오랜 삶과 보편적 구조와의 연관성 속에서는 나름대로 의미를 지닐 수 있다. 연상작용 또한 이러한 총체적 맥락에서 이해되어야 한다.

9. 초월론적 관념론과 이것의 인식론적 정당화

발생적 현상학의 틀 속에서 이제 초월론적 주관성은 역사적 존재로서 자신의 구체적, 역사적 삶 속에서 통일성을 지닌 존재로 이해된다. 그리고 이에 상응해, 이것의 상관자인 대상 및 세계 또한 이 의미의 '발생 속에서 발생론적'이고 총체적으로 파악된다. 이를 통해, 이 세계는 현상학적, 인식론적 관점에서 볼 때, 인식주관인 초월론적 주관성에 의해 구성된 의미적 존재로서 철저히 관념론적으로 이해된다고 할 수 있다. 말하자면 "그것을 내재적이라고 하든, 초월적이라고 하든, 모든 생각할 수 있는 의미, 모든 생각할 수 있는 존재는 의미와 존재를 구성하는 초월론적 주관성의 영역에 속한다"(117).

모든 존재를 이렇게 주관의 관념으로서, 주관의 영역에 속하는 것으로 이해할 때, 주관 밖의 존재를 상정하는 것은 무의미하며, 따라서 초월론적 주관성의 밖이라는 것은 현상학적으로 정당화될 수 없다는 것이 후설의 일관된 주장이다. 그러므로 내가 생각한 세계는 단지 내게 그렇게 보일 뿐인 '현상'에 불과하고, 참된 세계는 이 현상의 배후에 있다는 식의 초월론적 실재론의 주장 또한 받아들일 수 없다. 이러한 후설 주장의 밑바탕에는 내가 사실상 이 세계의 주체로서 이른바 절대적 주체라는 생각이 전제되어 있다.

그러나 이러한 입장의 문제는 나와 다른 초월론적 주관성의 존재이다. 후설은 초월론적 판단중지를 통해 초월론적 주관성에 도달하면서 사실상 타 주관의 존재 자체도 다른 초월적 사물과 같이 괄호 속에 묶어 버렸다. 타 주관 또한 내게는 일단은 하나의 지향적 대상일 뿐이다. 그러나 후설은 결코 타 주관이 나와 같은 초월론적 주관성의 성격을 지니고 있음을 부정하지 않고 있으며, 따라서 타 초월론적 주관성이 나처럼 세계에 대해 구성작용을 수행하는, 말하자면 세계에 대한 절대적 주체라는 생각을 기본적으로 갖고 있었다. 그러나 이러한 경우, 무수한 초월론적 주관성 각자에 의해 구성된 세계가 존재할 수 있다는 논리가 성립하며, 이 세계 각자가 각자에게만 타당한 서로 다른 세계로 간주되어 버린다. 이렇게 되면, 문제는 나에 의해 구성된 세계가 상대화되면서 철저하게 명증적인 것으로 이해된 나의 구성적 의미 또한 퇴색되어 버린다는 점이다. 즉, 절대적 주체로서 세계에 대한 명증적 주체임을 자부한 나의 초월론적 주관성의 철학적 위상이 크게 흔들리게 되는 것이다. 이런 맥락에서 후설은 철저하게 고립된 자아로부터 시작해야 했던 데카르트의 철학적 상황과 자신의 상황이 유사하다고 보고, 일단 데카르트적 관점으로 자신을 감정이입 하면서 다음과 같이 스스로 물음을 제기하고 있다. 이 질문은 물론 데카르트가 던질 수도 있었던 질문이지만, 현상학에 가해질 수 있는 세간

의 의혹과 관련, 현상학 또한 반드시 해명을 해야 할 근본적 의
문점이기도 하다.

"어떻게 이 의식 삶의 내재성 속에서 이루어지는 전 작업이 객
관적 의미를 얻을 수 있는가? 어떻게 명증성(명석하고 판명한 지
각)이 내 속에 있는 하나의 의식적 특성 이상이라는 것을 주장할
수 있는가?" (116)

"어떻게 나는 나의 의식의 섬으로부터 빠져나오고, 어떻게 나
의 의식 속에서 명증적 체험으로서 나타난 것이 객관적 의미를
얻을 수 있는가?" (116)

이러한 의문점에 대한 근본적 해결책은, 다음 절인 제5성찰
에 대한 설명에서 상세히 논의될 사안이기는 하지만, 우선 내
속에서 나와 같은 초월론적 주관적 존재로서 타 주관이 정당하
게 구성될 수 있음을 해명해야 하는 것이다. 그리고 이를 바탕
으로 나의 초월론적 주관성 자체가 상호주관성의 구조를 지니
고 있음을 보이면서 이는 타 주관성 또한 마찬가지인 것으로서

나와 타자가 사실상 서로 상호주관적임을 방증하는 것이다. 이는 결국 모든 초월론적 주관성의 바탕에는 '초월론적 상호주관성'이 놓여 있음을 드러내는 것이다. 그리고 이를 통해 나와 타자가 구성하는 이 세계는 서로 다른 세계가 아니라 단지 하나의 동일한 객관적 세계이며, 이는 단지 각자의 주관의 관점에 따라 달리 주어질 뿐이라는 것을 밝힌다. "나의 고유한 자신 속에서 구성된 타자의 구성을 매개로 나에 대해 (이미 우리가 언급한 것이지만) 우리 모두에게 공통된 세계가 구성된다"(120).

이렇게 되면 내가 구성한 모든 것은 나름의 객관적 의미를 지니게 되며, 현상학은 철저히 '나 자신에 대한 자기해명'으로서, 내 속에서 구성된 모든 것에 대해 스스로 철학적으로 책임질 수 있음이 밝혀진다.

"내 속에서, 즉 초월론적 자아 속에서, 사실인 바와 같이, 타 자아들이 초월론적으로 구성되고, 내게 이와 더불어 구성적으로 나타난 초월론적 상호주관성에 의해 이편에서 구성이 된 것으로서 모두에게 공통된 하나의 객관적 세계가 구성된다면, 앞서 말한 모든 것[초월론적 주관성의 외부가 무의미하다는 것]은 단순히 나의 사실적 자아에 대해서만이 아니라 내 속에서 의미와 존재타당성을 획득하는 이 사실적 상호주관성과 세계에 대해서도 타당하다." (117)

이러한 관점에서 초월론적 현상학은 초월론적 관념론으로서 정당하게 자신의 철학적 주장을 할 수 있는 것이며, 관념론의 현상학적, 철학적 정당화 또한 가능해진다.

"이러한 체계적인 구체성 속에서 수행된다면 현상학은, 비록 근본적, 본질적으로 새로운 의미이기는 하지만, 당연히 초월론적 관념론이다. 즉 현상학적 관념론은 심리학적 관념론, 의미 없는 감각적 자료로부터 하나의 의미 있는 세계를 도출하려고 하는 관념론이 아니다. 또한 이는 최소한 한계개념으로서 물 자체에 대한 세계의 가능성을 열어 놓을 수 있다고 믿는 칸트적 관념론이 아니라 체계적인 자아론적 학의 형식 속에서 일관되게 수행된, 모든 가능한 인식의 주체로서 나의 자아에 대한 자기해명으로서의 관념론 이외에 다름 아니다." (118)

9장
제5성찰: 타자구성과 초월론적 상호주관성

1. 타자경험에 대한 초월론적 해명의 필요성과 배경

이미 앞서 제4성찰의 후반부에서 타자문제를 주제화해야 할 필요성이 제기되었다. 그 핵심은, 나의 초월론적 주관성을 통해 명증적으로 인식된 것이 어떻게 객관성, 보편타당성을 지닐 수 있는가 하는 것이었다. 물론 엄밀학의 이념을 추구하면서 철저히 명증적 인식에 바탕을 두고 철학을 하고자 하는 후설에게 이러한 문제가 굳이 거론될 필요가 있을까 하는 의구심이 들기도 한다. 왜냐하면 후설 입장에서는, 이미 처음부터 명증성이라는 것이 나름의 필연성과 보편타당성을 지니는 것이고

—물론 이에 대해서는 논란의 여지가 있을 수 있지만—, 또한 이에 근거해 초월론적 현상학을 출발시킨 것인 한, 내적으로는 충분히 현상학 그 자체에 학문적 정당성을 갖고 있다고 볼 수 있기 때문이다. 더군다나 본질직관의 방법을 통해 이러한 학문적, 철학적 정당성은 더욱 보강되었다고 볼 수 있다. 그럼에도 후설 스스로 이러한 문제를 제기한 것은 태생적으로 초월론적 현상학이 갖는 근본적 특성 때문이라고 할 수 있다.

초월론적 현상학은 기본적으로 초월론적 판단중지와 환원이라는 방법을 통해 개별적이고 사실적인 초월론적 주관성으로 귀환한다. 이때의 주관성은 바로 나의 주관성이고, 원칙적으로 나에게만 타당한 주관성이다. 이는 판단중지 자체가 갖는 기본성격 때문이기도 하다. 판단중지는 일체의 나(의식)를 초월한 모든 것(세계)을 유보하고 괄호 안에 넣으면서 오직 나의 내면세계로 침잠하도록 했기 때문이다. 그런데 판단중지를 이렇게 한다고 하더라도 이를 통해 발견된 것이 개별적이고 유한한 나의 의식이 아닌, 보편적이고 형식적인 의식, 혹은 그 배후에 있는 근원적이고 보편적인 자아와 같은 것으로서 처음부터 규정된다면, 후설이 이렇게까지 고민할 이유가 없다. 그러나 후설에서는 이 초월론적 의식이라는 것은 칸트에서와 같이 '의식일반'으로서 형식적이고 논리적인 주체 혹은 후설이 종종 말하듯 공허한 '자아극'의 의미가 아니라 구체적이고 생동적인 체험류로서, 역사성 속에서 자기 삶의 고유한 내용을 지니는 역동적인 존재이다. 그렇기에 후설은 이 초월론적 주관성을 한편으로는 '순수자아'라고 부르면서도 다른 한편으로 완전한 구체성 속에서 파악된 자아라는 의미에서 '모나드'라고도 하였다. 모나드의 가장 큰 특징은 바로 개별성과 독립성이다.

이렇게 주관성을 생동적이고 역사적인 존재로서 파악하는 것은 사실 구체성을 지향하는 현상학의 본래적 취지에는 잘 부합한다. 그리고 있는 그대로의 사태 자체에 충실하자는 현상학의 이념과도 잘 맞는다. 그러나 자아의 개별성과 구체성을 강조하다 보니, 바로 이것이 지닌 주관적 성격으로 인해 앞서 제기된 객관성과 보편성의 입증이라는 부담을 안게 되는 것이다. 후설이 봉착한 문제도 바로 이것이었으며, 이런 맥락에서 후설이 타자경험과 상호주관성의 문제를 진지하게 고려하는 것은 불가피하면서도 정당한 하나의 현상학적 과정이라고 해석할 수 있다. 여기서 후설이 할 수 있는 최선의 해명은 개별적, 초월

론적 주관성이 보편성과 상호주관성의 성격을 지니고 있음을
밝히는 것이었다.

2. 초월론적 유아론과 초월론적 실재론

초월론적으로 타자경험을 해명하고 타자를 구성하고자 하는
후설에게 방법론적으로 출발점이자 동기가 된 것은 아이러니
하게도 '초월론적 유아론'이었다. 유아론이란 '이 세상에 오직
나만이 실재하고 다른 인간을 포함해 다른 모든 것은 가상이거
나 단지 내 속에 존재한다'라는 입장을 말한다. 이 세상의 참된
절대적 주체는 오직 나(초월론적 주관성)뿐이라고 보는 이러한 유
아론의 의혹을 현상학이 받을 수 있는 것은 초월론적 현상학이
기본적으로 판단중지를 통해 개별적, 고립적 주관성에서 출발
하기 때문이다. 초월론적 판단중지를 통해 나의 의식을 초월해
있는 모든 것이 일단 괄호가 쳐지고 그 존재타당성이 유보되었
다. 이러한 광범위한 방법론적 배제와 제거활동을 통해서 유일
하게 남는 존재, 그리고 확실하게 존재타당성을 말할 수 있는
명증적 존재는 나의 초월론적 의식뿐이다. 따라서 초월론적 유

아론의 의혹은 최소한 이 판단중지의 귀결을 충실히 따를 때, 자연스럽게 제기될 수 있다. 이러한 의미에서 후설은 다음과 같이 말한다.

"성찰하는 자아인 내가 현상학적 에포케[판단중지]를 통해 나를 나의 절대적인 초월론적 자아로 환원시킨다면, 그때 나는 나 혼자solus ipse가 되고, 그리고 내가 현상학이라는 명칭 아래 일관되게 자기해명을 수행하는 한, 그렇게 계속 지속하는 것이 아닐까? 객관적 존재의 문제를 해결하고 이미 철학으로서 나타나고자 했던 현상학은 따라서 초월론적 유아론으로 낙인찍힐 수 있는 것은 아닐까?"(121)

물론 후설은 이 유아론의 의혹이 단지 오해에 불과한 것임을 밝히고자 하지만, 상당히 근거 있는 오해이기에 매우 신중하면서도 체계적으로 이 문제를 다루었다. 곧 초월론적 유아론이 나의 초월론적 주관성만을 참되게 존재하는 것이라고 보는 입장이라면, 이 의혹을 넘어설 수 있는 것은 오직 나와 동등한, 또 다른 타자의 초월론적 주관성이 실재하고 있음을 현상학적으로 입증하는 것이다. 다만 후설은 이 입증을 존재론적, 형이상학적 방식이 아니라 철저히 본래의 태도대로 인식론적으로 수행하려고 하였다. 즉 타자가 어떻게 나의 초월론적 주관에 의해 타자로서 정당하게 구성될 수 있는가를 설명하는 것이다. 사실 이렇게 유아론의 의혹을 극복하면 앞서 제기되었던 나의 명증적 인식의 보편타당성 문제 또한 자연스럽게 해결될 수 있을 것이라는 것이 후설의 기본 생각이었다.

그런데 유아론만이 아니라 현상학이 또 피해야 할 것은 바로 초월론적 실재론의 입장이다. 이미 앞서 현상학은 초월론적 관념론의 입장으로서 초월론적 주관성 자신에 대한 자기해명의 태도를 취함을 보았다. 그런데 나와 같은 또 다른 초월론적 주관성의 존재와 그 세계를 인정한다고 할 때, 문제는 이 세계가 어떻게 내가 보는 세계와 같음을 입증할 것인가 하는 것이다. 사실 이 문제의 해결이 어쩌면 이 제5성찰에서 가장 어려운 부분이 될 수 있을 정도로 상호주관성의 해명에서 중요한 위치를 점하고 있다. 그런데 초월론적 실재론의 입장에 충실히 서서, 내가 경험하고 파악하는 것은 단지 이 세계의 현상에 불과하고, 참된 실재는 그 배후에 있는 것으로서 여기에 나는 반대로 인식론적으로 도달할 수 없다는 입장을 취한다면, 이는 지금 여기서 시도하는 상호주관성에 대한 초월론적 현상학적 해명에 치명적인 영향을 미치게 된다. 왜냐하면 이는 곧 타 초월론적 주관과 이것에 의해 구성된 세계 자체는 그 자체로서 실재하지만 내가 전혀 알 수 없는, 내가 도달할 수 없는 별개의 세계로 본다는 의미를 함축하는 것으로서, 결국 나의 세계와 타자의 세계라는 서로 다른 분리된 두 세계를 인정하는 불합리한 결과를 낳게 되기 때문이다. 따라서 현상학은 이와 같은, 이른바 초월론적 실재론의 입장을 전혀 근거 없는 것으로 보고, 이에 맞서 오로지 초월론적 주관성의 자기해명에 입각해, 말하자면 철저히 나의 주관성에 근거를 두는 관념론적 입장에서 타자와 상호주관적 세계를 해명하는 방식을 취하고자 한다. 곧 "우리의 초월론적 자아의 토대 위에서 타 자아가 드러나고 확증되는 명시적이고 함축적인 지향성"(122)을 밝힘으로써 타 자아가 내 속에서 어떻게 구성되고 나아가 상호주관성이 어떻게 초월론적으로 형성되는지를 해명하려고 하였다.

3. 현상학적 타자경험의 근본적 방식으로서 감정이입

현상학적으로 타자를 해명하고자 할 때, 이 타자는 정확히 표현하면 나와 같은 구조를 지닌 다른 자아, 곧 타자의 초월론적 주관성이다. 보다 구체적으로는 타자의 모나드이다. 그러나 인식론적으로 이 타자의 초월론적 주관성이나 모나드로 곧장 옮겨 가거나 이에 직접적으로 접근하기는 어렵다. 마치 하나의 외적인 물체적 사물을 지각하듯이 이 타자의 내면적 주관성을 파악하기는 사실상 불가능하다. 그러면 어떤 방식으로 여기에 접근할 수 있는가?

우선 후설은 여기서 간접적이고 우회적인 방식으로 이 타 주관성을 드러내고 해명하는 방식을 취한다. 일단은 타 주관성이 직접적으로 주어질 수 있는 단서를 찾고 이로부터 타자의 온전한 모습을 확인하는 방식을 선택하였다. 사실 현상학적 의미에서 타자경험은 타자를 단순한 사물과 같이 경험하는 것이 아니라, 타자를 나와 같은 하나의 주체적 존재로서, 즉 세계를 나와 같이 경험하고 구성하는 내적 주체로서 파악하는 것이다. 그러므로 단순한 외적인 사물지각과 같은 방식으로 타자를 인식할 수는 없다.

여기서 후설이 타자에 이르는 고유한 방법으로, 정확히는 우리 모두가 지니고 있는 독특한 타자이해의 능력으로 제시하는 것이 감정이입Einfühlung의 방법이다. 감정이입이란 한마디로 타자의 위치에로 나를 전이시켜 '상상' 속에서 타자의 내면을 더불어 느끼는 감정적 능력이다. 후설은 이 방법을 "타자경험의 초월론적 이론"(124)의 바탕으로 삼고 있다. 타자와의 직접적 소통이나 접촉을 통해 타자경험이나 상호주관성을 해명하는 것이 아니라 이처럼 상상 속에서의 간접적 체험을 통해 타자를 규정하려고 하는 것은, 우선 자기해명으로서의 현상학적 체계에 최대한 충실하고자 하는 의도도 있지만, 단지 타자를 언어나 기타 술어적 판단 등에 의해 매개된 방식으로, 혹은 이성적 추론이나 사변적 방법으로 규정하고 싶지는 않았기 때문이다. 최대한 구체성과 직접성 속에서, 있는 그대로 대상을 파악하고자 하는 후설에게 대상에 대한 최선의 이해방식은 본래적인 경험(혹은 직관)이다. 즉 가능한 그 존재에 가장 적합한 경험방식을 찾아 그 존재에 최대한 밀착해 본성을 파악하고자 하는 것이 현상학의 태도이다. 이런 맥락에서 후설은 감정이입의 방법이 직접적 지각이 아닌 방식으로 그나마 타자를 직관적으로 이해하는 최선의 방법이라고 보고 있다. 즉, 후설은 감정이입이 단순한 사변적 추론이나 공허한 상상작용이 아니라 타자 자체에 대한 ―타자에 가장 밀착된― 사실상의 직접적, 감성적 경험이라고 생각하였다.

감정이입은 어디까지나 나를 기준으로 나의 관점에서 타자를 이해하고 느끼는 것이라는 한계를 지닌다. 따라서 타자는 엄밀히 말하면 나에 의해 이해되고 체험된(생각된) 타자이다. 그러나 아무리 나의 관점에서 보여진 것이라고 하더라도 타자는 어차피 직접적인 내면적 파악이 불가능한 이상, 나를 기준으로, 또 나와의 유사성에 근거해 감정이입적으로 파악하는 것은 타자인식에 있어서 인간의 근본적인 한계를 고려한 지극히 정상적인 방식이다. 따라서 이는 결코 어떤 결함이 아니다. 이를 인정한다면 감정이입적 방법을 통해 나를 매개로 타자를 구성하고자 하는 후설의 시도는 나름대로 정당성을 갖는다고 볼 수 있다.

그런데 이러한 감정이입적 방법도 전혀 어떤 근거나 자료 없이 백지상태에서 단순한 상상을 통해서 이루어지는 것은 아니다. 즉 최소한 지각 가능한 타자의 겉으로 드러난 태도나 행동, 타자의 신체 등이 신뢰할 수 있게 주어져야 한다. 이때 후설이 제5성찰에서 집중적으로 관심을 보이고 타자경험의 단서로 삼는 것은 타자의 신체이다. 직접적으로 지각 가능한 신체성을 단서로 후설은 타자의 내면에로 감정이입적으로 접근이 가능하다고 보며, 나아가 타자와 내가 공유하는 상호주관적 세계에 대한 구성 또한 이 토대 위에서 이루어질 수 있다고 생각하였다.

4. 나의 고유영역으로의 환원과 그 의미

후설에서 현상학적 타자경험 내지 타자구성의 방법에서 일차적 단계는 나의 고유영역Eigenheitssphäre으로의 환원이다. 이 고유영역을 후설은 '원초적primordinale 영역'이라고도 하였다. 나의 고유영역은 타자와의 관련성이 일체 배제된, 그야말로 순수한 나만의 원초적 세계를 말한다. 물론 이는 실제적, 일상적으로 존재하는 영역이라기보다는 하나의 방법론적으로 구성된 층이다. 그런데 이미 초월론적 판단중지를 통해서 나만의 초월론적 영역으로 환원했음에도 불구하고, 즉 타자를 포함해 모든 나를 초월한 존재가 한꺼번에 괄호가 쳐졌음에도 불구하고 이렇게 추가적 환원을 시도하는 이유는, 나와 구분되는 타자성을 좀 더 분명하게 규정하고, 그럼으로써 이 타자성이 어떻게 나에 의해 구성이 되는지를 좀 더 세밀하게 보기 위함 때문이다. 타자란 넓은 의미에서 '내가 아닌 것'을 의미하며, 반대로 나에게 고유한 것이라는 것은 곧 "타자가 아닌 것Nichtfremdes"(131)을 뜻하기 때문에, 나의 고유영역을 확정하는 것은 한편으로 타자성을 규정하게 되는 것이기도 하다. 이는 가령 무생물의 의미를 보다 정확히 알기 위해 무생물이 아닌 영역, 곧 생물의 순수한 영역으로 환원한다든지, 또 무기물의 의미를 규정하기 위해 무기물이 아닌 것, 곧 순수 유기물의 영역을 먼저 확정한다든지 하는 것과 같은 원리이다. 양자가 뒤섞인 상태에서 어느 한 개념을 규정하는 것은 현실적으로 어려움이 따르기 때문이다. 이런 점에서 고유영역으로의 환원은 나 자신보다는 타자성의 의미를 정확히 살피기 위한 하나의 방법론적 순수화 내지 정제 과정이다.

따라서 타자성이 배제된 나의 고유영역이 구분되면, 여기서 타자가 나에게 주어지는 방식이 가장 저차원에서부터 높은 차원에 이르기까지 선명하게 드러나게 되며, 타자의 구성에 이르기까지의 전모를 구체적으로 확인할 수 있게 된다. 특히 여기서 나의 고유영역이란, 단순한 나의 의식체험의 영역만을 가리키는 것이 아니라 나의 구체적인 모나드적 세계를 가리키는 것으로서 나에 의해 구성된 대상세계까지 포괄하는 것이다. 다만 방법론적으로 타자성을 인위적으로 배제해, 타자와 함께 공유하는 일체의 문화적, 역사적 의미나 상호주관적 의미까지도 사상捨象해 버렸기 때문에 남는 것은 단지 자연적인 원초적 세계, 곧 문화세계의 바탕이라고 할 수 있는 '순수자연'이다.

"우리의 추상화[타자성의 소거]의 산물, 곧 이 추상화를 통해 우리에게 남는 것을 좀 더 상세히 고찰해 보자. 객관적 의미를 지니고 나타나는 세계의 현상에서 본래적 자연eigentliche Natur으로서 하나의 토대층Unterschicht이 분리된다. 이 자연은 아마도 단적인 단순한 자연, 즉 자연 연구자들의 주제가 될 자연과는 구분되어야만 한다." (127)

이 원초적 영역인 '자연'에서 타자의 구성을 해명한다는 것은, 결국 타 주관성의 존재만을 해명하겠다는 것이 아니라 이를 바탕으로 나의 고유영역에 상응하는 타자의 고유한 영역, 즉 궁극적으로 타자의 모나드의 세계까지 해명하겠다는 의지와 의도가 담겨 있는 것으로 볼 수 있다. 후설의 타자경험 이론의 궁극적 목표는 사실 나와 타자가 공유하는 객관적 세계의 해명이며, 이것이 어떻게 나의 내부에서 구성이 가능한가를 보여 주는 것이다. 뒤에서 보게 되겠지만, 여기서 나의 고유영역으로서 자연은 바로 이 객관적 세계의 가장 저층을 이룬다. "객관적 세계라는 존재 의미는 나의 원초적 세계의 토대 위에서 여러 단계로 구성된다"(137).

이 고유영역은 방법론적으로 추상화를 통해 타자의 의미와 연관을 사상함으로써 얻어진 하나의 특별한 개념적 층이기는 하다. 그렇다고 이것이 현실적으로 존재하지 않는 사변적 가상의 세계를 말하는 것은 아니다. 이것은 고차적, 정신적, 문화적 세계의 밑바탕에 놓여 있는 순수 감성적 세계를 가리킨다. 단지 여기서 이 고유영역이 갖는 방법론적 중요성은 타자경험을 위한 하나의 필수적인 발판이 된다는 것이다. "실제적 경험에서 저 층(고유영역)을 갖지 않고는 나는 명백히 타자를 경험으로서 가질 수 없으며, 따라서 객관적 세계라는 의미를 경험의 의미로서 가질 수도 없다. 그러나 이 반대의 경우는 가능하지 않다"(127).

이 고유영역으로서의 자연은, 물론 앞선 인용문에서 이미 언급된 것이지만, 자연과학적 의미에서의 자연과는 다르다. 자연과학적 자연도 고유영역과 같이 문화적, 정신적 의미에 대한 고도의 추상화를 통해서 얻어진 것이기는 하다. 그러나 결정적인 차이점은 이 자연과학적 자연은 모든 사람에 대한 자연이라는, 객관적, 상호주관적 의미가 이미 전제되어 있다는 점이다. 나의 고유영역은 일단 출발점에서는 이러한 객관적 의미가 배제되어 있다. 그러나 이것이 고유영역으로서의 자연이 근본적으로 객관적 의미를 지니지 못하는 유아론적 세계를 가리키는 것은 아니다. 데카르트가 모든 것을 의심하면서 오직 생각하는 나만을 타당한 존재로 인정했지만, 결국 그것으로부터 출발해 배제했던 세계의 존재를 다시 복구시키는 것처럼, 후설도 최초에는 이 고유영역을 나에게만 타당한 세계로 한정하면서 여기서 타자성과 객관성을 배제하는 모습을 보였다. 그러나 결국여기로부터 타자구성과 함께 이것이 타자와 함께 공유하는 객관적 세계라는 의미를 이끌어 내게 된다. 말하자면, 일단 출발점에서는 확고하게 나만의 세계로 규정하지만 사실은 이것이 공동의 세계라는 것을 입증하려는 방법론적 의도가 담겨 있는 것이다. 물론 이 고유영역이 근본적으로는 공동의 객관적 세계라는 것을 밝히는 것은 오직 현상학적인 방법과 태도를 통해서만 가능하다는 것이 후설의 생각인 것이다.

5. 나의 고유영역에서의 신체성

나의 고유영역에서 가장 중심적인 역할을 하는 것은 바로 신체Leib이다. 고유영역은 기본적으로 자연적 사물의 세계로서 이른바 지각세계이다. 모든 정신적, 문화적 의미가 배제된 상태에서 나에게 가능한 것은 일단 원초적 지각이고, 전형적으로 지각 가능한 대상은 물질적 사물이다. 따라서 여기서 가장 최초로 발견될 수 있는 것은 나의 신체이다. 신체는 하나의 자연적, 물질적 사물로서 대표적인 지각대상이다. 그러므로 이 고유영역에서 신체가 두드러지는 것은 당연한 수순이다.

"이 자연[고유영역]의 고유하게 파악된 물체들 속에서 나는 유일하게 두드러지는 것으로서 나의 신체를 발견한다. 즉, 단순한 물체Körper가 아니라 바로 신체Leib로서 이 신체는 나의 추상적인 세계 층 내에서 내가 경험적으로 감각장Empfindungdfelder을 여기에 귀속시키는 유일한 대상이다." (128)

지각세계인 나의 고유영역에서 하나의 자연적 물체인 신체가 지각되는 것은 특이한 것이 아니다. 그러나 위의 인용문에서 보듯이 단순한 물질적 사물인 물체Körper로서가 아니라 이른바 신체Leib로서 파악된다는 것이 중요하다. 그리고 바로 이러한 고유한 신체성Leiblichkeit의 이해가 후설의 타자경험이론에서 결정적인 역할을 하게 된다. 그러면 이러한 현상학적으로 이해된 신체성이란 무엇을 의미하는가? 말하자면 단순한 물체가 아닌 이와 구별되는 것으로서 신체가 지닌 고유한 특성이란 무엇인가?

현상학적으로 신체를 단순한 물리적 존재로서가 아니라 고유한 신체성으로 규정할 수 있는 것은 크게 두 가지 요소에 근거한다. 위의 인용문에서도 언급이 되었지만, 하나는 '감각의

담지자'[7]라는 측면이고 다른 하나는 '의지기관'으로서의 측면
이다.

　감각의 담지자라는 측면은 감각적 내용이 우리의 신체 속에
구체적으로 자리 잡는다는 것을 의미한다. 우리의 신체는 단순
히 기계와 같은 것이 아니라, 감각의 주체로서 느끼는 기능을
수행한다. 이때 여러 기관을 통해 감각된 것은 우리의 인식작
용을 위해 모두 중요한 역할을 하는데, 여기서 모든 감각능력
중 대표적인 것이 바로 촉각이다. 촉각을 통해 감각된 것은 단
지 머리에 저장되는 것이 아니라 생생하게 우리의 몸속에 자리
를 잡는다. 가령 손을 통해 무엇인가를 만진다고 할 때 느껴지
는 이 촉감은 손의 일정한 자리에 자리 잡으며, 일정 기간 존속
한다. 그렇기 때문에 무엇보다도 촉감은 일종의 이중감각의 역
할을 수행한다. 촉각을 통해 우리는 만져지는 사물뿐만 아니라
동시에 만지는 손을 느낀다. 곧 이는 사물자체에 대한 감각이
기도 하지만 동시에 나의 신체에 대한 감각이기도 하다. 이는
촉감각이 신체 속에 자리 잡는다는 신체의 고유한 속성에 기인
하는 것이다. 물론 시각이나 청각 등은 이러한 '감각의 신체 속
에 생생하게 자리 잡음'이라는 기능을 수행하지는 못하지만 후

설은 보다 넓은 의미의 감각인 '쾌감', '만족감', '불쾌감', '고통감', '이완감' 등등의 감각은 신체에 자리 잡을 수 있다고 봄으로써, 이러한 '감각의 신체 속에 자리 잡음'이라는 현상은 물리적 사물이 지닐 수 없는 생동적인 신체성을 특징짓는 것으로 보고 있다. 이런 의미에서 후설은 이러한 신체의 감각적 자리 잡음을 신체만의 "특수한 신체사건"[8]으로 규정하고 있다.

'의지기관'으로서의 신체는 신체의 자발성을 전제로 하는 것으로서 '나는 할 수 있다Ich kann'라는 신체적 활동의 가능성과 잠재성에 근거를 둔다. 이 의지기관으로서의 신체적 성격을 특징지으면서 이를 가능케 하는 것이 바로 운동감각Kinästhese이다. 운동감각이란 한마디로 우리의 신체를 움직여 어떤 것을 지각하거나 인지하게끔 하고, 또 원하는 바를 충족시키는 신체적 활동이라고 볼 수 있다. 신체는 기본적으로 지각기관으로서 우리의 모든 지각 활동에 관여하며 또 이를 가능케 한다. 가령 우리는 옆이나 뒤에 있는 무엇인가를 보기 위해 눈을 돌리게 되고, 보다 잘 알기 위해 좀 더 가까이 다가가거나 직접 만져 볼 수도 있다. 이 모든 것은 신체를 통해 이루어지는 것으로서 이러한 신체적 움직임, 즉 운동감각이 없이 우리의 인식활동은 불가능하다.

그런데 중요한 것은, 위에서 언급한 두 가지 신체적 특성은 모두 신체의 독자적이고 독립된 생물학적 기능이라기보다 신체와 연관된 마음이나 정신과의 결합을 통해 이루어지는 공동의 기능이라는 것이다. 감각의 담지자로서의 신체적 특성은 단순히 기계적, 생리적, 생물학적인 신체적 특성으로만 환원될 수 있는 것이 아니라 여기에 어느 정도 심리적, 심정적 요인이 가미되어야만 가능하다. 후설은 인간의 내적 영역을 크게 신체 Leib, 마음Seele, 정신Geist의 세 영역으로 구분해 설명하고 있는데, 세 영역은 서로 유기적으로 결합하고 연관되어 있다고 설명한다. 여기서 마음Seele의 영역은 우리의 심리적, 정서적 부분에 해당되는 것으로서 ─이러한 의미에서 이를 '심리', '심정'으로 종종 번역하기도 한다─ 바로 신체와 밀접한 연관을 맺고, 이에 영향을 받거나 또 영향을 준다. 바로 감각의 담지자로서 이를 신체 속에서 생생하게 느끼는 것은 단순한 물리적 신체가 이러한 심리적, 정서적인 마음과 연관되어 있기 때문이다. 따라서 우리의 신체를 단순한 물체성을 넘어 하나의 고유한 신체로 만드는 것은 바로 이 신체와 마음과의 결합 때문이다.

같은 맥락에서 의지기관으로서의 신체 내지는 운동감각의 주체로서의 신체성 또한 신체(물리적 신체)와 정신과의 결합이 있기 때문에 가능하다. 운동감각적 활동이 물론 무의식적, 습관적으로 이루어지는 경우도 많지만, 능동적인 움직임의 경우, 이는 판단과 의지의 주체인 정신의 역할에 주로 근거한다. 물론 이것이 일방적으로 정신이 신체를 지배하고, 신체는 정신에 종속해 있다는 것을 의미하지는 않는다. 후설도 다소 불철저하지만 신체성에 어느 정도의 자발성과 자율성을 인정하였으며, 다만 이것이 가능한 근거로서 신체성에 정신적(자아적) 요소가 가미되어 있고 양자가 결부되어 있다는 점을 제시하였다. 양자는 말하자면 상호작용을 하는 것이다. 이런 의미에서 후설은 '신체는 정신의 표현'이라고 말하기도 한다.

나의 고유영역 속에서 발견된 최초의 사물인 나의 신체는 이처럼 내적으로 마음, 정신과의 결부를 통해 자신만의 고유한 특성과 정체성을 드러낸다. 사실 이러한 신체와 정신이 조화롭게 결합되어 있는 것이 일상적인 인간의 온전한 모습이기도 하다. 그리고 이에 근거해 나는 하나의 인격적 자아로서 파악될 수 있다. 후설은 이러한 신체성과 결부된 자아의 모습이 타자성과 객관적 의미가 배제된 나의 고유영역 속에서도 여전히 타당성을 지니고 또 효력을 유지하고 있음을 강조한다.

　"나의 고유하게 환원된 신체를 드러내어 밝힘은 이미 '이 인간으로서 나'라는 객관적 현상의 고유한 본질을 드러내 밝히는 것의 일부이다. 내가 다른 인간을 고유하게[나의 고유영역으로] 환원하면, 나는 고유한[나의 고유영역 속에서 지각된] 물체를 얻게 된다. 그러나 내가 나를 인간으로서 환원하면, 나는 나의 신체Leib와 나의 심적 마음Seele을, 또는 심리-물리적 통일성으로서 나를, 즉 이 통일성 속에서 하나의 인격적 자아를 얻게 된다. 이 인격적 자아는 신체 속에서 그리고 이를 매개로 외부세계에서 영향을 끼치고, 또 이 세계에 의해 영향을 받는다. 따라서 이는 일반적으로 그러한 유일한 유형의 자아 연관성과 삶의 연관성의 부단한 경험을 매개로 물체적 신체와 심리-물리적으로 하나로 통일되어 구성되어 있다." (128)

신체와 자아의 이러한 긴밀한 연관성은 곧 뒤에서 자세히 보게 될 후설의 타자구성 이론에서 결정적이고도 핵심적인 역할을 한다. 신체를 단순히 물체로서가 아니라 내적인 심리적, 정신적 자아와 결부되어 있는 구체적인 것으로 이해해야만 비로소 타자경험의 길이 열리게 되는 것이다. 이에 대해서는 뒤에서 상론하기로 한다.

6. 타자경험과 타자신체의 '더불어 의식됨'

나의 고유영역 속에서 이루어지는 구성단계에서 최초의 단계는 이미 암시된 바와 같이 우선 타자(다른 사람 혹은 타 자아)의 구성이다. 구성 단계에서 "최초로서 나의 구체적인 고유성(원초적 자아로서의 나로부터)으로부터 배제된 자아인 타 자아 또는 타 자아 일반의 구성 단계가 끄집어 내질 수 있다. […] 따라서 그 자체 최초의 타자(최초의 비아)는 타 자아이다"(137). 물론 이 타 자아에 직접적으로 이르는 길은 이미 앞서 언급한 바와 같이 원천적으로 차단되어 있다. 그러므로 후설이 선택 가능한 유일한 길은 간접적 방식의 타자구성이다. 그러나 그렇다고 이것이 불완전하고 차선의 구성방식이라는 것을 의미하진 않는다. 타자경험으로서 인간이 할 수 있는 최선의 방식으로서, 다만 이를 현상학적으로 재구성해 보자는 것이 후설의 의도이다.

　이와 같은 타자구성에서 또한 최초의 단계는 바로 타자 신체의 지각이다. 타자의 신체에 대한 지각은 앞서 나의 신체에 대한 지각과 마찬가지로 우선은 하나의 물체와 같은 것에 대한 지각으로부터 시작된다. 사실 모든 타자적이고 문화적 의미가 사상된 나의 고유영역에서, 엄밀히 따지면 타자의 것으로 여겨지는 모든 것은 그 존재성을 상실해야 맞다, 그럼에도 불구하고 타자의 신체는 우선은 일반적인 자연적 물체Körper와 같은 것으로서 ―일단은 단순한 사물과 같은 것으로서― 그 타자의 자아 연관적인 의미가 배제된 채, 말하자면 "타자가 아직 인간이라는 의미에 이르지 못한 의미에서"(138) 나의 고유영역에서 지각될 수 있으며, 그런 한도 내에서 그 존재성을 드러낼 수 있는 것이다.

　그런데 이러한 식의, 일단은 타자 신체의 물체로서 지각됨은 타자구성에서 결정적인 실마리로 작용하는데, 바로 이를 매개로 타 자아의 구성에까지 이를 수 있기 때문이다. 지각된 타자의 물체로서의 신체는 사실 그 자체로서는 타자의 의미를 지니고 있지 않다. 나에게는 그저 다른 사물과 같은 것으로 보일 수 있다. 그럼에도 그 이상의 의미를 지니고, 결국은 타자의 신체라는 의미를 지닌 채 의식될 수 있는 것은 후설이 "지향성의 간접성"(139)이라고 부르는 우리 의식의 고유한 특성 때문이다.

앞서 설명한 바와 같이, 우리의 지향적 의식은 항상 직접적으로 주어진 것을 넘어 그 이상의 것을 의식한다. 명증성을 향한 우리의 구성작용과 대상인식은 반드시 이러한 '더 많은 것을 생각함Mehrmeinung'이라는 우리 의식의 본성적 경향을 전제로 한다. 이런 점에서 대상의식은 일종의 직접적으로 주어진 것을 둘러싼 그 배경으로서 지평에 대한 의식이다. 이러한 우리의 더 많은 것을 생각하는 의식의 경향은 바로 타자의 신체에 대한 지각에서도 그대로 발휘된다.

나에게 직접적으로 주어진 타자의 신체는 단지 그 물체적 측면이다. 여기에는 어떤 정신적, 자아적 의미가 전혀 들어 있지 않다. 그러나 이 직접적으로 지각된 것 이상의 것을 나는 반드시 더불어 의식하게 된다. 말하자면 단순한 물체 이상의 것, 즉 내가 나의 자아와 연관된 나의 고유한 신체성을 인지하는 것처럼, 타자의 내면과 연결된 그의 고유한 신체라는 의식을 더불어 갖게 되는 것이다. 후설은 이렇게 직접적으로 지각된 것과 함께 의식되는 현상을 가리켜 각별히 "더불어 현전하게 함Mit-gegenwärtig-machen" 혹은 "더불어 의식됨Appräsentation"의 방식이라고 하였다. 그리고 타자에 대한 의식은 이 '더불어 의식됨'이라는 간접적 방식 이외의 방식으로는 가능하지 않다고 단언하였다.

> "경험은 원본적 의식이다. 그리고 사실상 우리는 인간을 일반적으로 경험할 때, 타자[타 자아] 그 자신이 생생하게 우리 앞에 현전해 있다고 말을 한다. 다른 한편으로 이때 이 생생함은 타 자아 자신, 그의 체험, 그의 나타남 자체, 그리고 그 자신의 고유한 본질에 속하는 어떤 것도 본래적으로 근원적으로 주어지지 않는다는 것을 즉각적으로 인정하는 것을 막지는 못한다. 만약 그럴 경우[근원적으로 주어진다고 할 경우], 즉 직접적인 방식으로 타자의 고유한 본질적인 것이 접근 가능하다면, 이는 나의 고유한 본성적인 것의 단순한 계기로 간주될 것이고, 결국 타 자아와 나 자신은 같은 것이 될 것이다." (139)

더불어 의식됨은 직접 지각된 것의 배경으로서 무엇인가가 함께 주어진다(의식된다)는 것을 의미하는데, 당연히 이는 어떤 규칙이나 질서가 없이 임의로 혹은 우연적으로 주어지는 것이 아니다. 가령 동전의 앞면만을 보고도 뒷면까지 더불어 지각한 것으로 간주하고 이를 하나의 온전한 동전으로 의식하는 것은 이미 과거에 동전에 대한 나의 유사한 경험이 누적되어 이것이 습성화됨으로써 무의식적으로 이러한 의식활동이 이루어진다고 볼 수 있기 때문이다. 곧 나의 잠재적, 습성적 지식이 여기에 작용하는 것이다. 정확히는 나의 습성화된 지식을 이러한 경험에서 떠올리게 되는 것이다.

그런데 타자에 대한 지각의 경우는 '더불어 의식됨'의 계기가 작용한다는 점에서는 그 형식은 같지만, 세부적으로는 일반적인 외적 지각과는 다른 것이, 일반적인 외적 사물에 대한 지각은 더불어 의식되는 보여지지 않은 측면을 추후의 지각을 통해서 확인할 수 있다는 가능성이 있지만, 타자경험에서는 타자의 내면을 실제로 지각할 수는 없으므로 이것이 원천적으로 불가능하다는 것이다. 따라서 타자경험에서는 각별히 이 더불어 의식됨을 근거짓는 또 다른 계기가 추가적으로 작용하게 되는데, 바로 나와의 '유사성'에 대한 의식이다.

타자의 신체를 지각하면서 바로 나는 타자의 신체(물체로서의 신체)와 나의 신체와의 유사성과 동질성을 의식하게 되며 이를 통해 타자의 신체도 나처럼 마음이나 정신과 연관된 자아연관적인 것으로 이해하게 된다. 타자의 신체에 대한 지각에서 주어진 것 이상을 더불어 의식하게 되는 것은 바로 이러한 순수한 물체적 신체성의 자아 내지 정신 연관성, 정확히는 앞서 언급한 감각의 담지자 내지 의지기관으로서, 단순한 물리적 속성과 구분되는 그의 고유한 '신체성' 때문이다. 이러한 고유한 신체성을 인지하면서 나는 곧바로 그의 신체와 연관된 그의 자아를 더불어 의식할 수 있다는 것이 후설의 주장이다. 이러한 나와의 유사성에 대한 의식이 결국 후설의 타자경험 이론에서 결정적으로 작용하는데, 이는 결국 앞서 언급한, 나를 타자의 위치에로 전이시킨다는 '감정이입' 작용이 타자경험 이론의 핵심적 바탕이라는 후설의 주장을 정당화하는 것이다.

"한 다른 인간이 우리의 지각영역[고유영역]에 들어온다고 가정해 보면, 이는 원초적으로 환원해서 볼 때, 다음과 같은 것을 의미한다: 나의 원초적 자연의 지각영역 속에서 하나의 물체[타자의 신체], 곧 원초적인, 자연스럽게 나 자신(내재적 초월)의 단순한 규정요소[지향적 대상]가 되는 물체가 나타난다[지각된다]. 그런데 이러한 자연과 세계 속에서 나의 신체는 [물체가 아닌] 하나의 신체(기능하는 기관)로서 근원적으로 구성되어 있고, 또 구성될 수 있는 유일한 물체이다. 그럼에도 신체로 파악되어 있는, 저기dort에 있는 물체[타자의 신체]는 그 의미를 나 자신의 신체로부터의 '통각적 전이'를 통해 갖게 된 것임이 분명하다. […] 단지 나의 원초적 영역 내에서 저 물체[타자의 신체]를 연관시키는 [나와의] 유사성은 저 물체[타자의 신체]를 타자[타 자아]의 신체로서 [나와의 유사성을 근거로] 유사하게 파악analogiesierende Auffassung하도록 동기부여하는 토대이다." (140)

그러나 이와 같은 타자의 (물체적) 신체의 고유한 신체성에 대한 유비적 파악은 어떤 유비적 추론이나 사유작용이 아니라 직접적인 통찰이자 직관적 의식으로서, 앞서 언급한 바와 같이 감정이입작용과 나의 잠재적인 습성적인 지식이 동시에 작용함으로써 사실상 수동적으로 이루어지는 것이다. 우리는 항상 기존에 이미 알고 있는 앎의 틀과 유형에 맞추어 모든 것을 이해하고자 하며 기존의 습성적, 선행적 선지식으로의 이행 및 전이를 통해 현재의 인식대상을 유형적이고 유사하게 파악하려고 하는 경향이 있다. 그리고 이러한 전이적 인식방식 또한 즉각적이고 직접적이다. 한번 나의 것으로 확립된 앎이나 지식은 습성화되어 이 습성화된 지식을 끄집어 내는 활동 또한 능동적이고 고차적 추론을 통해 이루어지는 것이 아니라 단번에 이루어진다. "앞서 [내가 갖고 있는 대상에 대한 습성화된 지식이] 주어진 정도만큼 전이가 이루어지는 것이다"(141). 바로 이점이 후설로 하여금 감정이입적 타자경험이 단순한 유비적 추론이 아니라 직접적 경험과 같은 의미에서 현상학적으로 신뢰성을 지닐 수 있다고 주장하는 주된 근거가 된다.

7. 타자경험의 토대로서 연상작용

비록 간접적인 방식이기는 하지만 타자를 하나의 타자로서, 곧 타자의 신체를 바로 그의 신체로서 인식하는 계기는 나와의 유사성에 근거한 전이적(감정이입적) 파악이다. 그런데 이러한 타자에 대한 유비적, 전이적 파악을 가능하게 하는 구체적,

현상학적 근거로서 제시하는 또 다른 작용이 바로 연상작용이다.

앞서 우리는 후설이 연상을 수동적 발생 내지 수동적 종합의 현상학적 원리로 규정함을 살펴보았다. 연상이란 말 그대로 유사성에 근거한 수동적인 떠올림의 작용이다. 현재 A를 보면서 내가 이와 유사한 B를 떠올린다면 이는 바로 연상의 작용에 근거한 것이다. 가령 기존에 A가 항상 B와 더불어 있거나 전자가 후자의 원인으로 존재했었음을 습성적 지식으로 알고 있다면 나는 A만을 보고도 자동적으로 B를 떠올리게 되는 것이다. 사진을 보면서 그 원본을 떠올리는 것도 대표적인 연상작용이기도 하다. 이러한 연상작용은 물론 능동적인 인식작용이 아니라 수동적인 심리적 작용이다. 그러나 후설은 이 작용이 일종의 능동성의 바탕이 되는 수동적 종합으로서 대상에 대한 '선 구성'의 역할을 한다는 점에서 단순히 심리적 작용이라기보다는 일종의 초월론적 현상학의 개념으로 이해하였다.

후설은 타자경험에서 이 연상의 작용을 가리켜 한편으로 '짝지움Paarung의 작용'으로도 표현하였다. 짝지움이란 어떤 것이 다른 것과 긴밀히 연관되어 더불어 의식됨을 의미하는 것으로서 사실상 연상작용을 보다 구체적으로 설명하는 것과 같은 것이다.

"짝지움은 우리가 동일화Identification의 수동적 종합에 대비시켜 연상으로서 특징지었던 수동적 종합의 원 형식이다. 짝을 지우는 연상작용 속에서 특징적인 것은, 가장 원초적인 경우에, 두 개의 자료가 의식의 통일성 속에서 두드러져 직관적으로 주어지고, 이를 근거로 이들은 본질적으로 이미 순수 수동성에서, 따라서 주목되건 그렇지 않건 간에, 구별되어 나타나는 것으로서 현상학적으로 하나의 유사성의 통일을 정초한다는 것이다. 즉 항상 짝Paar으로서 구성된다는 것이다." (142)

후설은 이 짝지움의 작용을 '초월론적 영역의 보편적 현상'으로 보았다. 짝지움은 하나가 다른 하나를 '일깨우는(불러일으키는)' 작용이자, 양자가 합치를 이루게 하는 작용으로서 일종의 "지향적 겹쳐짐"(142)의 작용이다. 따라서 이 짝지움의 연상작용 속에서 "자아(나의 자아)와 타 자아는 항상 그리고 필연적으로 근원적인 짝지움 속에서 주어진다"(142)라는 것이 후설의 주장이다. 그러나 이는 타자구성에서 결론 부분에서나 이루어질 내용으로서 그 이전에 보다 상세히 해명해야 할 것은 타자의 신체성을 근거로 이와 결부된 타자의 자아에 대한 파악이 어떻게 가능한가이다. 곧 "무엇이 신체[타자의 신체]를 제2의 나 자신의 신체가 아니라 타 자아의 신체로 만드는가"(143)를 해명해야 하는 것이다. 여기서 그 단서가 되는 것은 타자의 신체와 짝을 이루면서 나타나는 것이 무엇이고, 혹은 그 과정은 어떠한가 하는 것이다.

"이제 나의 원초적 영역에서 나의 신체와 유사한 하나의 물체 [타자의 신체]가 두드러져 나타난다면, 즉 이것이 나의 신체와 더불어 하나의 현상적 짝지움을 불러일으키는 것이 분명한 그러한 상태라면, 그 물체는 의미의 전이를 통해 곧장 나의 신체로부터 신체라는 의미를 넘겨받은 것이 분명한 것으로 보인다." (143)

8. 타자의 신체성에 대한 동일성의 의식

현상학적 초월론적 타자경험에서 그 출발점이자 유일한 직접적 실마리가 되는 타자의 신체성을 둘러 싼 문제의 핵심은, 어떻게 이것이 단순한 물체나 나의 상상이 아니라 진정으로 타자의 신체로서 인정받을 수 있는가 하는 것이다. 다시 말해, 타자 스스로도 자신의 신체로서 생각하는 그러한 실제적인 참된 신체로서 이 신체를 정당화할 수 있는 근거는 무엇인가 하는 것이다. 바로 앞 절의 마지막 단락에서 제시된 내용은 바로 이것이다. 그리고 바로 이 문제가 먼저 해결이 되어야 이후의 타자아에 대한 구성 또한 순조롭게 진행될 수 있다. 여기서 초점은 바로 신체의 동일성이다. 곧 내가 바라보는 타자의 물체적 신체와 타자 스스로 바라보는 자신의 신체와의 동일성을 입증해야 하는 것이다. 이런 맥락에서 후설은 다음과 같이 스스로 묻는다.

"저기Dort의 양태 속에서 나의 원초적 영역 속에서 나타나고, 한편으로 타자의 원초적 영역에서 그리고 타자에 대해서는 여기 Hier의 양태로 나타나는 동일한 물체[타자의 신체]에 대해 도대체 내가 말할 수 있다는 것이 어떻게 가능한가?" (150)

"어떻게 나의 본래적 영역[고유영역]에서의 물체[타자의 신체]와 타 자아 속에서 그러나 완전히 분리된 채 구성된 물체[타자의 신체]의 동일화가 […] 이루어지는가?" (150)

나는 물론 타자 신체의 겉모습만을 직접 지각할 수 있는 반면, 타자는 자신의 신체를 마치 내가 나의 신체를 보듯이 그 내면까지 더불어 감지할 수 있다. 곧 내가 타자의 신체를 바라보고 이것이 내게 주어지는 방식과, 타자 스스로 자신의 신체를 바라보고 지각하는 방식은 근본적으로 다르다. 한마디로 내게는 타자의 신체성이 직접적으로 현전해 주어지는 부분과 간접적으로 더불어 주어지는 부분이 나뉘어 이것이 서로 결합해서 주어지지만, 타자에게는 직접적으로 주어진다. 물론 이는 그 반대의 경우에도 마찬가지이다. 그러나 이러한 주어짐의 방식이 다름에도 불구하고 타자의 신체는 누가 보든 동일한 것이다. 내가 보는 타자의 신체와 타자가 스스로 바라보는 그의 신체라는 이중의 신체가 있는 것이 아니다. 다만 이 동일한 것을 단지 바라보고 주어지는 방식에 따라 달리 보고 있을 뿐이다. 바로 이러한 '하나의 동일한 대상의 다양한 주어짐의 방식'이라는 기본공식이 후설의 타자경험이론, 나아가 후설 현상학 전체를 관통하는 주요 원리가 되고 있다. 그리고 후설은 이 원리에 충실하게 자신의 타자경험 이론을 전개해 나간다.

"나는 타자[타 자아]를 그럼에도 소박하게 나의 복제Duplikat로, 따라서 나의, 또는 하나의 동일한 원본적 영역을 지닌, 또한 여기에는 나의 여기Hier로부터 내게 속하는 공간적인 나타남의 방식을 더불어 지닌 그러한 복제로서가 아니라, 보다 자세히 볼 때, 만약 내가 거기로[타자의 위치에로] 가서 거기dort에 있다면, 내가 이러한 나타남의 방식들 자체를 동일성 속에서 가질 수도 있는 그러한 것을 지닌 존재로 통각하는 것이다. 나아가 타 자아는 더불어 의식됨의 방식으로 [그 자신의] 하나의 원초적 세계 내지는 하나의 모나드의 자아로서 통각되는데, 이 세계 속에서 타자의 신체는 절대적 여기Hier라는 양태 속에서, 바로 자신의 [신체적, 운동감각적] 지배Walten에 대한 기능의 중심으로서 근원적으로 구성되고 경험된다. 따라서 이러한 나의 모나드적 영역[현재의 맥락에서는 나의 고유영역]에서 저기Dort라는 양태로 나타나는 물체[타자의 신체], 곧 타자의 신체적 물체, 타 자아의 신체로서 통각되는 이 물체는 이 더불어 의식됨Appräsentation 속에서 여기Hier의 양태 속에 있는 동일한 물체, 즉 타 자아가 자신의 모나드적 영역에서 경험하는 것과 같은 것으로서의 물체[타자의 신체]를 가리킨다."(146)

이 인용문에서 보듯 후설이 타자의 신체의 동일성을 해명하는 근거로서 제시하는 것은 '여기Hier에 있는 나'를 '저기Dort의 타자의 위치'로 옮겨서 생각하는 감정이입과 주어진 것 이상의 것을 의식하는 '더불어 의식됨'의 작용이다. 사실 감정이입이나 더불어 의식됨 모두 나의 관점에서, 나의 내부에서 이루어지는 작용이므로 과연 이 작용이 타자의 참된 신체성을 확증하는 근거가 될 수 있는지 의구심을 가질 수는 있다. 바로 이러한 문제 때문에 후설의 타자경험과 상호주관성 해명의 한계점을 많은 학자들이 비판적으로 지적하기도 한다. 그러나 후설 주장의 핵심은 우리가 타자에 접근할 수 있고 이해할 수 있는 최선의 인식론적 방식은 바로 이러한 감정이입의 방식이라는 것이고, 이런 범주 내에서 이것이 타자의 현상학적 해명의 올바른 길이라는 것이다. 따라서 후설은 감정이입작용과 연상작용을 근거로 타자경험의 확실성을 정당화하고자 하였다.

이때 후설은 타자경험에서의 인식작용이 마치 내가 과거의 것을 상기하는 작용과 같은 성격을 지닌다고 주장하면서 이것의 신뢰성을 높이고자 하였다. 즉, 내가 이미 지나간 어떤 사실을 기억해 낸다고 할 때, 분명 이는 현재 내 앞에 현전해 있는 그러한 사실은 아니지만 그럼에도 신뢰할 수 있는 타당한 것으로서 인정하고 또 이를 받아들인다. 말하자면 언제라도 나는 명증적인 인식으로 내가 타당하게 받아들인 것에 대해서는 과거로 되돌아가 이를 재생할 수 있으며, 이렇게 재생된 것은 그렇다고 처음 이를 인식했을 때와 그 내용 면에서 다르지 않으며, 그 타당성이 훼손된 것도 아니다. 다만 그 핵심적 내용에 있어서는 차이가 없지만, 단지 그것이 주어지는 방식(직접적 지각의 방식이 아닌 기억, 상기라는 방식)이 다를 뿐이고, 이제는 현재의 것이 아니라 과거의 것으로서, 일종의 변양으로서 확증된다는 차이가 있을 뿐이다. 이는 마치 어떤 이념적 존재에 대해서 언제라도 같은 식으로 인식할 수 있고 또 동일한 수학 문제를 다른 시간에 풀더라도 동일한 답을 지향하고 이끌어 내는 것과 마찬가지이다. 생생함의 정도에 있어서는 차이가 있더라도 그 진리성과 타당성에는 변함이 없다. 또한 후설은 타자경험에도 이러한 정도의 차이만이 ―간접적, 직접적― 있을 뿐, 실제적 진리성에서는 근본적 차이가 없다고 보았다.

여기에 덧붙여, 후설은 타자 신체성의 동일성과 확실성, 나아가 이것의 자아 연관성을 입증하는 또 다른 계기로서 지속적이고 일관된 타자 신체성에 대한 확인 과정이 필요하다고 보았다. 앞서 명증적 인식에 대한 비판적 확증의 과정과 교정이 필요하다고 한 것처럼, 타자의 신체에 대해서도 유사한 과정이 적용되어야 한다고 했으며 타자의 신체로 드러난 몸짓이나 행동을 통해 타자의 신체성을 보다 견고하게 확증하는 과정이 필요함을 주장하였다. 더구나 우리의 모든 경험이 지니는 지평적 성격을 고려할 때, 계속된 경험의 의미 있는 연쇄 과정을 지켜보는 것은 그 대상에 대한 인식의 신뢰성과 충실성을 높인다. 이러한 의미에서 후설은 타자의 성격을 "본래적으로 접근 불가능함의 확증 가능한 접근 가능성"(144)으로 특징지었다.

"그러나 경험된 타자의 신체는 단지 자신의 변화하는, 항상 연관해 일치를 이루는 행동Gebaren 속에서, 지속적이고 실제적으로 신체로서 드러난다. 그런데 심리적인 것을 더불어 의식됨의 방식 속에서 가리키는 물리적 측면을 지니는, 이 일치된 신체의 행동은 이제 원본적 경험 속에서 충족시키면서 밝혀져야 한다. 그리고 이는 이 국면에서 저 국면으로의 신체적 행동의 부단한 변화 속에서 그렇게 되어야 한다. 이러한 행동과 일치하지 않는 경우 [타자의] 신체는 가상-신체Schein-Leib로서 경험된다." (144)

이로써 타자의 신체는 이제 명백히 타자의 신체로서 인식되고, 그것도 단지 나에 의해 생각된 것으로서 내 마음속에만 있는, 그러한 상징적인 것이 아니라 타자와 내가 동시에 동일한 것으로 바라보는 그러한 실질적인 신체로서 파악되는 것이다. 나의 고유영역에서 지각된 타자의 신체는 따라서 단순히 타자의 신체와 유사한 것을 가리키는 어떤 "표시Signal"(151) 같은 것으로서 실제 타자의 신체와는 구분된 그러한 것이 아니며, 또한 그런 점에서 타자의 "복사"나 "유사체"(153)를 뜻하는 것도 아니다. 바로 생동적으로 실제하는 타자의 신체 그 자체를 의미한다. 다만 이것은 나의 관점에서는 "나의 위치에서, 이 측면에서 보여진, 타자지각이라는 의미구성에 맞게, 원칙적으로 나에게는 본래적으로 접근 가능하지 않은 [타자의] 마음에 대한 물체적 신체이다"(153).

9. '더불어 의식됨'과 '직접적 제시'의 융합

타자경험에서 '더불어 의식됨'이란 직접적으로 주어진 것을 매개로 그 이상을 의식한다는 것이다. 여기서 양자는 불가분리의 관계를 맺으면서 타자의 인식을 완성시킨다. 그런데 여기서 양자의 관계에 대한 후설의 설명방식에 좀 더 주목할 필요가 있다. 사실 직접적으로 주어진 것, 즉 구체적으로 지각 속에서 현전하는 것은 일종의 감각자료로서 충실한 의미를 지니고는 있지만, 대개는 그 자체로서는 온전한 대상적 의미를 산출하기에는 부족하다. 따라서 우리의 인식과 경험에는 항상 더불어 생각함과 의미부여라는 고차적인 의식작용의 계기가 필요하다. 그러나 항상 그 핵심에는 직접적으로 주어진 것이 놓여 있고, 한편으로 이에 최대한 충실해야 한다. 이런 의미에서 인식이란 이 양자의 온전한 결합이라고 볼 수 있다. 이러한 맥락에서 후설은 다음과 같이 말한다.

"더불어 의식됨Appräsentation은, 우리가 이미 일전에 말한 바와 같이, 그러한 바로서 직접적 제시Präsentation의 핵심을 전제하고 있다. 더불어 의식됨은 연상을 통해 이 직접적 제시, 곧 본래적인 지각과 결부된 [현재 직접적으로 제시되지 않은 것을 떠올리고 의식하는] 현재화Vergegenwärtigung이다. 그러나 이 현재화는 더불어 지각Mitwahrnehmung이라는 특별한 기능 속에서 이 직접적 제시와 융합되어 있는 현재화이다. 다른 말로 하면, 양자[직접적 제시와 더불어 의식됨]가 그렇게 융합해서 그 자체가 동시에 직접적으로 제시되고 더불어 의식되는, 그리고 전체 대상에 대해 그 자신의 자체 현존Selbstdasein이라는 의식을 산출하는, 하나의 지각의 기능공동체Funktionsgemeinschaft 속에 놓여 있다." (150)

더불어 의식됨은 우리의 모든 경험과 인식작용에 동반하는 우리의 본성적인 의식작용으로서 이는 의식의 지평성과 역사성을 전제로 한다. 즉 과거에 축적된 습성화된 선지식의 바탕 위에서 이루어지는 작용이다. 그러므로 이 작용은 의식의 자연스러운 경향으로서 그 자체로서는 문제될 것이 없다. 다만 이것의 인식적 엄밀성과 명증성을 따진다고 할 경우는 다소 문제가 될 수는 있다. 어디까지나 이는 간접적, 매개적 인식이기 때문이다. 그러나 이 더불어 의식됨이 독자적으로 이루어지는 것이 아니라 항상 직접적으로 주어진 것의 바탕 위에서 혹은 이와 결부해서 나타난다는 점에 주목한다면, 이것의 인식론적 신뢰성과 설득력은 상당히 높아진다. 말하자면, 직접적으로 제시된 것이 최소한 신뢰할 수 있는 것이라면, 이와 함께 나타나는 더불어 의식됨의 작용 또한 신뢰할 수 있다는 것이 후설의 생각으로 보인다. 더구나 후설은 이 양자가 단순한 연관성을 넘어 '융합적'이라고 할 만큼 결합되어 있음을 강조하고 있다. 이러한 융합적 성격은 그만큼 더불어 의식됨이 직접적인 주어짐에 강하게 밀착되어 있음을 가리키는 것이고, 더구나 간접적이고 매개적으로 주어질 수밖에 없는 타자경험의 특성을 고려할 때 더 이상 의심할 수 없는 확실한, 그리고 최선의 인식 근거로 작용하고 있다고 볼 수 있다. 앞서도 언급했지만, 직접적으로 주어지는 것의 정도만큼 더불어 의식됨의 명증성도 높아진다. 타자경험이 최소한 출발점에서 그 신체성에 대한 지각으로서 명료하게 이루어지는 만큼 이 타자에 대한 더불어 의식됨의 명료성도 높아질 수 있다.

그런데 타자의 물체적 신체성에 대한 지각은 사실 그 내용만을 놓고 보면, 타자의 신체적 존재성을 입증할 정도로 인식적 가치가 있지만, 그 내용 면에서는 아직 공허하고 타 자아의 구성에까지 이를 수는 없다. 그러므로 이를 보완하고 내용을 충실화시켜 주는 것이 바로 '더불어 의식됨'이다. 이런 점에서 타자에 대한 온전한 인식을 위해서는 양자의 공동지각 작용이 활성화되어야 한다. 이러한 공동지각의 작용을 가능케 하는 것, 정확히는 더불어 의식됨의 내용을 충실화하는 것이 바로 나와의 '유사성에 대한 의식'인 것이다. 이 유사성 의식은 일종의 추리작용이 아닌 수동적 종합과 같은 연상작용으로서 즉각적으로 이루어지며, 나 자신에 대한 의식과 인식, 곧 자기의식의 내용이 그대로 타자의 신체성으로 전이를 하게 된다. 곧 타자도 나와 같은 성격을 지닌 것으로 바라보게 되는 것으로서 나의 신체와 타자의 신체가 하나의 짝지움 속에서 결합하게 되고(의미의 전이가 이루어지고), 그럼으로써 타자의 물체적 신체성이 나에서와 같이 하나의 자아와 결부된 고유한 신체성으로 이해되는 것이다.

"통각을 근거 짓는 요소들의 연상적 합치를 통해 보다 높은 단계의 연상이 이루어진다." (147)

"모든 연상적 짝지음을 통해 생겨나는 '멀리 놓여 있는 것의 겹침Fernüberschiebung'은 동시에 융합이며, 양립 불가능성이 관여하지 않는 한, 이 융합 속에서 어떤 한 존재의 의미가 다른 것의 의미에 유사화 내지 동화되는 것이다." (147)

이러한 연상적 짝지움을 통해 타자에 대한 더불어 의식됨의 내용이 채워짐으로써 비로소 타자를 하나의 온전한 타자로 이해하고 인식하게 되며, 타 자아를 구성하게 되는 것이다. 나의 경우에서 보듯이, 자아가 곧 신체와 결부되어 신체를 지배하고 관리하는 주체로 인식되는 한, 이를 실마리로 타 자아가 타자의 신체를 매개로 내 속에서 구성(인식)될 수 있는 것이다. "타 주관성은 나의 주관성의 완결된, 나에게 고유한 본질성의 내부에서, 더불어 의식됨을 통해 자신의 고유한 본질적인 다른 andere 주관성이라는 의미와 타당성을 지니고 생겨난다[구성된다]"(149).

물론 나에 근거해 타자를 이해한 것인 만큼 타 자아는 "나 자신의 지향적 변양"(144)으로서 구성된다. "나는 내 속에서 타자를 경험하고 인식하며, 타자는 내 속에서 구성된다. 단지 본래적인 것으로서가 아니라 더불어 의식됨의 방식 속에서 [나를] 반영하는 것으로 구성된다"(175). 그러나 이것이 임의로 타자의 의미를 창출하고 타자를 마치 제2의 나처럼 생각한다는 것을 의미하는 것은 결코 아니다. 왜냐하면 이때 나 자신의 변양이라는 의미는, 나와 타자의 짝지움이라는 연상작용 속에 근거를 둔 것으로서, 짝지움이 둘 사이의 동일성을 주장하는 것이 아니라 단지 둘 사이의 연관성을 가리키는 것인 한, 양자의 다름과 분리를 근본적으로 전제로 한 것이기 때문이다. 그러므로 여기서 타자에 대한 의식은, 형식상으로는 분명 나와의 동질성 내지 유사성의 의식에 바탕을 둔 것은 맞지만, 기본적으로 이는 타자라는, 엄연히 나와 구분되는 다른 자아의 존재를 전제로 하고 또 인정하는, 그런 점에서 엄연히 나와는 다른 별개의 존재에 대한 의식이다. 이는 이미 후설이 나의 고유영역으로의 환원을 통해 나와 타자를 엄격히 구분하면서 타자경험에 대한 논의를 시작하고 있다는 것에서부터 전제가 되어 있다.

10. 타자구성에서 초월론적 자아와 심리적 자아의 연관성

후설의 타자구성 이론에서 중요한 두 계기는, 하나는 타 초월론적 주관성의 구성이고, 다른 하나는 동일한 세계의 구성(혹은 그러한 것으로 확인)이다. 후자는 물론 전자를 바탕으로 해서 이루어지며, 후자의 입증을 통해 비로소 개별적, 초월론적 주관성에서 이루어진 현상학적 인식의 객관성과 보편타당성이 정당화될 수 있다. 그리고 이로써 후설 현상학에 향해지는 유아론의 의혹으로부터 완전히 벗어날 수 있다. 이제까지의 논의를 통해 이미 타 초월론적 주관성 내지 자아의 구성과 그 정당화는 이미 그 틀과 윤곽이 드러났다. 바로 나와의 유사성에 근거한 감정이입과 연상적 짝지움의 작용을 통해 타자의 내면, 즉 타 자아에 대한 간접적 이해와 구성이 가능하다는 것이었다. 물론 내가 반성을 통해 내적으로 파악하는 것만큼의 명증성을 지니고 있지는 않지만, 서로 분리된 다른 자아의 내면에 대한 직접적 접근이 원천적으로 불가능한 상황에서 이러한 식의 인식방법은 인간으로서는 최선의 것이며, 타자인식이라는 측면에서는 현상학적으로 최대한 사태에 충실한 것으로 볼 수 있다.

그런데 앞서의 논의에서는 타 자아가 주로 그의 심리학적 측면에서만 이해된 자아이며 경험적, 심리학적 자아로서만 규정된 자아였다. 즉 신체성에 집중하다 보니 신체와 결부된 심리적 자아의 측면만이 강조되었다. 그렇기 때문에 이것만을 놓고 보면 후설의 타자구성 이론이 지나치게 경험적, 심리학적 측면에 한정된 것이 아닌가 하는 의문을 가질 수 있다. 특히 감정이입이나 연상작용이 본래 심리학적 개념이라는 점도 이 의문을 증폭시킨다. 그래서 실제로 쉬츠A. Schütz를 포함한 일부 학자는 후설의 상호주관성에 대한 해명이 초월론적 차원의 해명이 아니라 후설이 극복하고자 한 경험적, 심리학적 해명에 불과한 것이 아니냐고 비판하기도 한다.[9] 이러한 비판을 의식해서인지 후설은 앞서 본 바와 같이 감정이입이나 연상의 작용이 철저히 초월론적 현상학적 개념이라는 점을 강조하고 있으며, 나아가 초월론적 자아와 경험적, 심리학적 자아와의 관계에 대해서도 반복 설명하고 있다.

사실 초월론적 판단중지를 수행하기 이전의 자연적 태도에서는 우리의 자아가 경험적, 심리학적 자아로만 생각된다. 그러나 판단중지와 환원을 통해 비로소 초월론적 주관성과 그 자아가 드러나며, 이는 세계의 구성 근거이자 인식 근거로서 그 존재 의미를 지니고 있다. 그런데 제2성찰에서도 언급한 것이지만, 후설은 이 두 자아가 별개의 전혀 다른 자아가 아니라 사실은 동일한 자아의 두 측면일 뿐이며, 어떤 태도를 취하느냐에 따라 달리 보이는 것뿐이라고 하였다(75 참조). 하나의 자아가 초월론적 태도에서는 초월론적 자아로, 심리학적, 일상적 태도에서는 심리적, 일상적 자아로 보인다는 것이다. 그렇기 때문에 판단중지 이후의 초월론적 태도에서도 일상적, 심리적 자아가 지니는 작용이나 활동 등은 그대로 남아 있게 되며, 단지 이것이 초월론적으로 새롭게 그 의미를 부여받게 되는 것이다. 다시 말해, 심리학적으로는 그 의미가 은폐되어 있거나 간과되어 온 우리의 의식활동이 그 모습을 새롭게 드러내게 되는 것이다. 대표적인 것이 바로 지향적 의식의 구성활동이며, 이와 연관된 지평의식이나 타자의식 또한 여기에 포함될 수 있다. 특히 발생적 현상학의 맥락에서 바라본 우리 의식 삶은 발생적, 심리학적 해명을 통해 보인 것과 상당한 유사성을 보이는 것이 사실이다. 그러나 현상학적 해명은 이러한 심리학적 해명을 전혀 근거도 없고 틀린 것이라고 배제하는 것이 아니라, 단지 초월론적 태도 이전에 수행된 것으로서 일면적이라고 여길 뿐, 그 이론 자체를 전적으로 배척하는 것은 아니다. 오히려 그 이론을 포용하면서 이를 현상학적으로 재해석하기도 한다. 심리학적으로 규정될 수도 있는 지향성 개념을 비롯한 감정이입, 연상, 운동감각, 수동적 종합, 습성의 이론 등을 초월론적 개념으로 재해석 및 승화시켜 분석하는 것이 대표적인 경우이다.

이러한 맥락에서 후설은 초월론적 자아와 경험적, 심리학적 자아, 단적으로 이 세계 속에 살고 있는 일상적 인간적 자아를 완전히 분리시켜, 전적으로 융합할 수 없는 다른 차원의 존재인 것으로 규정하지 않고, 단지 후자는 전자의 '구체화되고 세계화된 형태'로서 다만 "초월론적으로 2차적인 것"(131)으로 해석한다. 따라서 초월론적 자아의 요소와 심리학적 자아의 요소는 어떤 의미에서 뒤섞여 있고, 초월론적 자아에 의해 구성된 세계는 심리학적 자아가 단지 관점만 다를 뿐 공유하는 것이다. 이런 의미에서 후설은 "궁극적 자아인 나에게 모든 초월론적으로 고유한[나의 고유영역에 속해 있는] 것은 이러한 세계화 Verweltlichung를 통해 심리학적인 것으로서 나의 심적 마음Seele

속으로 들어간다"(130)라고 하였다.

이러한 심리학적 자아와 초월론적 자아의 상호연관성을 가장 잘 보여 주는 것이 바로 앞서 살펴본 모나드 개념이며, 이 모나드 개념을 통해 후설은 초월론적 자아가 단순한 동일성의 극으로서 형식적이고 공허한 논리적 주체의 의미에서 이해되지만은 않음을 분명히 했다. 역사적 삶의 주체로 이해된 모나드로서의 초월론적 자아의 핵심적 내용을 구성하는 것은 과거에 형성된 습성적 지식이며, 이는 곧 대상에 대한 구성 작용의 결과물이 내부에 축적됨으로써 가능하다. 그리고 이를 통해 모나드는 자신에게 고유한 주위세계로서 친숙한 대상들의 세계를 지닌다. 그러나 이러한 모나드로서의 자아의 특징은 단지 세계와의 관련 속에서 이 모나드가 세계의 구성 주체이자 근거가 된다는 점을 제외하면 사실상 심리학적 자아의 삶과 거의 일치한다고도 볼 수 있다.

이렇게 볼 때, 초월론적 자아를 지나치게 순수하게, 또 완전한 이념적, 이상적 존재로서만 바라보아서도 안 됨이 드러나며, 심리적 삶과 신체성과의 긴밀한 결부 또한 자연스럽게 받아들여야 할 것이다. 이러한 의미에서 이제 타자의 모나드 구성, 말하자면 타자의 초월론적 주관성 내지 자아의 구성 또한 심리학적 자아의 구성에 대한 해명을 통해서 더불어 이루어지는 것으로 이해될 수 있다. "내가 이러한[초월론적] 자아로서 따라서 객관적 세계라는 현상을 나의 고유한 것으로 환원하고, 그 밖의 어떤 식으로 내게 고유한 것으로 발견하는 것을 여기에 첨가해 받아들인다면 [⋯] 내 자아에 고유한 모든 것은 나의 마음Seele의 고유한 것으로서 환원된 세계현상 속에서 다시 발견될 수 있다"(130). 이러한 토대 위에서 후설은 다음과 같이 말한다.

"타자들이 내 속에서 타자로서 구성된다는 것은, 이들이 존재하는 것으로서 또 그러하게 존재하는 것으로서 나에 대해 의미와 타당성을 가질 수 있는 유일한 생각 가능한 방식이다. 만약 이들이 하나의 부단한 확증의 원천에 근거해 이[의미와 타당성]를 지닌다면, 이들은, 내가 그렇게 말해야만 하는 바와 같이, 진정 존재한다. 그러나 그 경우 오직 구성되어 있다는 의미를 가지고 이들은 진정 존재하는 것이다." (156)

11. 고유영역으로서 자연의 동일성

나와 다른 타 주관성, 곧 타 초월론적 주관성의 구성에 대한 해명이 이루어진 후, 이제 본격적으로 해명해야 할 것이 객관적 세계에 대한 초월론적 해명이다. 타자구성으로써 사실 이 부분에 대한 해명은 그 기초작업이 어느 정도 이루어졌다고 볼 수 있지만, 타자에 대한 구성과 다른 점은, 나와 타자가 공동의 세계를 공유하고 나아가 내가 구성하는 세계가 타자가 구성하는 세계와 같은 것임을 입증해야 한다는 점이다. 곧 세계의 동일성에 대한 해명이 이루어져야 한다는 것이다.

여기서 그 출발점이 되는 것은 환원된 나의 고유영역이다. 이 영역은 나의 감성적인 영역으로서 타자연관성과 객관성의 의미가 배제된 순수자연의 의미를 지닌 채, 하나의 방법론적 층으로서 내게 주어진다. 그런데 이 고유영역에서 최초로 발견된 나의 신체와 나아가 그 뒤를 이어 타자의 신체에 대한 지각을 통해 다음과 같은 중요한 사실이 드러난다. 즉 나에 의해 보인 타자의 신체가 타자에 의해서도 똑같이 보일 수 있고 따라서 하나의 동일한 신체라는 의식이다. 이때 후설은 단지 관점과 주어짐의 방식만 다를 뿐 대상의 동일성은 그대로 유지된다는 본래의 지향적 의식의 구조를 여기에도 그대로 적용한다. 그런데 여기서는 나 개인 내부에서 이루어지는, 의식과 대상의 통일성을 이야기하는 것이 아니라, 서로 다른 두 주관에 의해 보인 것들의 동일성과 통일성을 말하고 있다는 점이 다르다. 또한 이 점이 후설이 안고 있는 타자경험의 고유한 문제이기도 하다. 이때 후설은 감정이입의 작용에 근거해 타자의 위치로 나를 옮김으로써 일종의 관점 내지 입장전환의 태도를 가질 수 있다는 점을 부각시키면서, 나의 관점에서 보인 타자의 신체와 타자의 관점에서 보인 신체와의 동일성을 해명하려고 하였다. 물론 여기에는 나와 타자의 유사성의 의식을 통한 연상적 짝지움의 작용이 강력한 지지 역할을 한다. 후설은 이러한 도식을 자연의 동일성 해명에 그대로 적용한다.

여기서 자연이란 나의 고유영역을 의미하며, 사실 그 의미만 나의 것이라는 식으로 변화시켰을 뿐, 나나 타자에게 항상 동일하게 그리고 공통되게 주어져 있는 지각적 세계이다. 그러나 여기서 나의 고유성이라는 의미를 넘어서는 타자성의 계기, 즉 타자의 신체가 등장하면서 이 고유영역의 의미는 확장된다.

이 고유영역 속에서 타자가 나타나고 또 존재하고 있다는 것(물론 나에 의해 구성된 것으로서 그 의미를 지니고 있는 것이지만)은 이 나의 고유영역을 타자도 ─물론 다른 관점에서─ 같이 공유하고 있다는 것을 암시한다. 물론 앞서 신체성의 경우에서도 그렇지만, 타자의 관점에서 보인 그의 고유영역과 나의 관점에서 보인 이 고유영역은 그 내용이 다를 수 있고, 나타남의 방식 또한 차이가 있을 수 있다. 그러나 이 자연으로서의 고유영역이 최소한 신체를 중심으로, 또 이 신체에 의해 '지각됨'의 방식으로 직접적으로 주어진다는 것은 동일할 수밖에 없다. 말하자면 각자의 고유영역(자연)이 지각을 통해 주어진다는 그 주어짐의 기본적 방식은 같은 것이다. 이에 근거할 때, 타자에 의해 지각된 자연과 나에 의해 지각된 자연은 최소한 그 대상의 측면에서는 같은 것으로 볼 수 있다. 문제는 이를 확인하는 방식이다. 나의 지향적 의식의 틀 내에서 이를 해명해야 하기 때문이다. 따라서 이 문제 또한 후설은 앞서와 같은 방식으로 더불어 의식됨과 연상적 짝지움의 계기를 이용해 설명하고 있다.

나의 관점에서 타자의 자연(타자에게 지각된 자연)은 나에게 단지 더불어 의식된 것으로서 내가 직접적으로 확인할 수 있는 것이 아니다. 그럼에도 앞서 살펴본 타자경험에서의 더불어 의식됨의 특성에 따라 타자의 자연은 나에게 더불어 의식됨의 방식으로 주어지며, 이는 내가 직접 지각한 나의 자연(직접 제시된 자연)과 짝지움의 연상작용을 거쳐 이른바 "종합적 일치"(153)를 이루게 된다. 이를 통해 양자는 비록 처음에는 두 층으로(나의 원초적 지각세계와 더불어 의식된 타자의 지각세계) 나뉘어 나타나기는 했지만, 결국 하나로 통일성을 이루게 된다. 이로써 타자와 함께 공유하는 하나의 동일한 자연이라는 인식이 가능해진다.

"내가 제2의 자연과 제2의 신체적 물체(타자 자신의)를 지닌 하나의 더불어 의식된 제2의 원본적 영역[타자의 고유영역]을 이 자연 속에서 지니고, 그다음에 비로소 어떻게 내가 양자[나의 고유영역과 타자의 고유영역]를 하나의 동일한 객관적 자연의 나타남의 방식Erscheinungsweise으로서 파악하는 것을 수행할 수 있는지를 물어야 하는 것이 아니다. 이와는 달리, 더불어 의식됨 자체와 바로 이것인 바로서 이것의 이에 대해 함께 기능하고 있는 직접적 제시(이에 의해 일반적으로 한 타자와 따라서 그의 구체적 자아가 나에 대해 구체적으로 현전da해 있는 것으로 파악되는)와의 필연적 통일성을 통해 이미 나의 원초적 자연과 현재화하는 타자의 원초적 자연의 동일성의 의미가 필연적으로 산출되어 있다." (152)

그런데 이러한 동일한 자연의 파악에서 중요한 것은, 나와 타자에게 이 자연이 나타나는 방식의 기본 체계만큼은 동일하거나 보편적인 것으로 전제되어 있어야 한다는 것이다. 말하자면, 다른 동물에게 이 자연이 주어지고 나타나는 방식이나 우리 인간에게 이것이 주어지는 신체적 지각의 방식은 전혀 다를 수 있다. 이런 점에서 인간 일반에 공통된 어떤 신체적 지각체계의 동질성이 여기에 전제되어야 하고, 또 이것을 근거로 사실상 우리는 나와 타자의 자연의 동일성을 주장할 수 있는 것이기도 하다. 그러나 여기서 문제는, 이 자연의 나타남의 체계 혹은 이를 수용하는 지각체계가 항상 모든 인간에게 절대적으로 동일할 수는 없다는 것이다. 여기서 후설은 '정상성Normalität' 개념을 도입해, 일반적인 보통 성인의 평균성으로 이해할 수 있는 정상성이 이러한 인식체계의 보편성과 타당성을 정당화할 수 있다고 보았다. 그리고 이로부터 벗어나는 비정상성은 —물론 당연히 나타날 수밖에 없는 불가피한 것으로 후설은 이해한다― 배척의 대상이 아니라 단지 "정상성의 지향적 변양"(154)으로서 이에 선행하는 정상성에 근거해서, 그리고 이른바 잠재적 정상성의 의미에서 보다 높은 정상성의 틀 속에서 포용적으로 받아들일 수 있다는 것이다.[10]

> "그러나 비정상성은 그 자체로서 우선 구성되어야만 한다. 그리고 비정상성의 구성은 오직 이에 선행하는 정상성의 토대 위에서만 가능하다." (154)

12. 모나드 공동체와 초월론적 상호주관성

타 자아의 구성과 고유영역으로서 자연의 동일성 해명이 이루어짐으로써 이제 후설이 의도한 타자경험 이론의 기본 틀은 일단 확립이 되었다. 이제 후설은 이를 바탕으로 보다 구체적이면서 고차적인 세계의 상호주관성을 해명하고자 한다. 후설은 이미 앞서 밝혀진 틀에 따라 이후의 과정은 쉽게 설명될 수 있을 것으로 생각한다.

"공동체화의 최초단계, 거의 같은 의미이지만, 원초적 세계로
부터 하나의 객관적 세계의 최초의 구성이 충분히 해명된 후, 보
다 높은 단계는 상대적으로 적은 어려움을 보여 준다." (157)

　　보다 고차적 단계의 공동체성을 해명하는 데 있어서 후설
이 이토록 강한 자신감을 보이는 것은 바로 이러한 공동체
성의 기초에 이른바 모나드들 간의 결합체인 '모나드 공동체
Monadengemeinschaft'가 놓여 있다고 믿기 때문이다.
　　후설은 라이프니츠의 모나드 개념을 이어받으면서 모나드
개념이 지니는 독립성과 개별성, 그리고 하나의 동일한 세계
를 여러 모나드의 측면에서 바라본다는 세계관 등은 받아들이
지만, 이른바 모나드가 창이 없이 고립된 채, 모나드와 모나드
간의 상호작용과 교류가 전혀 없다는 이론은 받아들이지 않았
다. 후설에 따르면, 모나드는 외부로 향한 창이 있으며 이는 이
른바 감정이입을 통한 창이라는 것이다. 그러므로 모나드와 모
나드끼리는 나름의 간접적인 소통과 교류를 하고 있는 셈이며,
이를 통해 이른바 내적으로 결합된 하나의 공동체를 이루고 있
다고 보았다. 그리고 바로 여기에 모나드 간의 상호주관성이

성립해 있다고 주장한다.

"내가 나에 대해 존재하는 것과 정확히 같은 방식으로 그렇게 자기 자신에 대해 존재하는 [타자의] 모나드들은 또한 공동체 속에 존재한다. […] 즉, 구체적 자아로서, 또 모나드로서의 나와 결합되어 있다." (157)

"다른 한편으로 이 근원적 공동체[모나드 공동체]는 무Nichts는 아니다. […] 존재자[나의 모나드]는 존재자[타 모나드]와 지향적 공동체 속에 있다. 이는 원리적으로 독특한 유형의 결합이며, 하나의 실제적인 공동체다. 그리고 이 공동체(모나드 공동체)는 세계의 의미, 인간세계와 사태세계의 의미를 초월론적으로 가능하게 하는 바로 그 공동체이다." (157)

모나드 공동체라는 개념은 라이프니츠를 연상시키면서 하나의 형이상학적 세계나 그러한 사변적 구축물처럼 보이지만, 이는 후설이 바로 위의 인용문에서 언급하는 바와 같이, 실제적 공동체로서 모나드와 모나드끼리의 상호작용을 매개로 해 형성된 공동체이다. 그리고 이 세계 속에 존재하는 모든 유형의 공동체에는 이 모나드 공동체가 상응하고 있다. 이 모나드 공동체가 성립할 수 있는 근본적 바탕은, 각 모나드가 서로 타 모나드를 향해 있으면서 앞서 본 바와 같은 타자구성을 각기 상호적으로 서로 수행하고 있다는 데에 있다. 타자구성은 기본적으로 감정이입을 토대로 이루어지며, 이를 통해 타자의 영역으로 나를 전이시키면서 나와 타자의 지향적 결합과 일치가 이루어지는 식으로 타자구성이 수행된다. 이러한 과정이 상호적으로 수행된다면 이는 일종의 공동체화를 형성하는 것이며 비록 실제적인 것은 아니라고 하더라도 상호 내적 소통을 통한 유대와 결합을 의미하는 것으로 이해하여야 할 것이다. 각자의 고유영역의 합치를 통한 동일한 자연의 성립은 바로 이러한 모나드적 공동체 바탕 위에서 가능한 것이다. 중요한 것은, 이 모나드 공동체라는 것이 기본적으로 각자의 모나드 속에서 바라보고 지향된 것의 상호합치를 통해 형성된 것인 만큼, 모나드들끼리 집합적으로 모여 있는 어떤 외적인 공동체라기보다는 나의 모나드 속에서 구성된 내적인 지향적 공동체라는 것이다. 곧 모든 개별적 모나드 속에 이러한 모나드 공동체가 이미 구성되어 있는 것이다. 정확히는 이러한 모나드 공동체를 모두 지향하고 한편으로 자신 속에 나름의 방식으로 간직하고 있다고 볼 수 있다. 이러한 맥락에서 후설은 이 모나드 공동체를 한편으로 '초월론적 상호주관성transzendentale Intersubjektivität'이라고도 하였다.

"이[모나드 공동체]는 순수하게 내 속에서, 성찰하는 자아 속에서, 즉 순수하게 나의 지향성의 원천으로부터 나에 대해 구성되어 있다는 것은 굳이 말할 필요가 없을 것이다. 그러나 이는 타 모나드라는 변양 속에서 구성된 모든 모나드 속에서 동일한 것으로, 다만 다른 주관적 나타남의 방식 속에서 [동일한 것으로] 구성되어 있는, 그리고 동일한 객관적 세계를 필연적으로 그 자신 안에 지니고 있는 그러한 공동체로서 구성된다." (158)

이러한 모나드 공동체를 기반으로, 이제 후설은 모든 종류의 공동체성에 대한 해명이 가능하다고 보면서 논의를 문화세계로 확장한다. 문화세계는 이제까지의 논의에서와는 달리, 보편성과 동질성보다는 상대성과 다양성을 특징으로 한다. 우리 모두는 각자의 문화공동체 속에서 살고 있으며 아무리 공동체적이고 보편적이라고 하더라도 이는 상대적 보편성에 머물 수밖에 없다. 따라서 우리는 단순한 신체성을 매개로 한 타자구성과는 차원이 다른 타 문화권에 대한 고유한 이해에 대해 어려움을 지닐 수밖에 없다. 그러나 후설은 이 문화세계의 바탕에 공통된 보편적인 자연이 놓여 있고, 따라서 이 자연의 보편성과 동일성을 매개로 타 문화세계에 대해 원칙적으로 접근 가능하며, 앞서 타자에 대한 감정이입과 유사한 방식으로 타 문화권에 대한 내적인 감정이입적 이해가 나름대로 가능하다고 보았다.

"문화세계의 우리의 경우로 되돌아가면, 이는 또한 보편적인 자연과 이것의 시공간적인 접근형식의 토대 위에서 문화의 세계로서 정향되어 주어진다. […] 이[타 문화]는 나와 나의 문화권에 속하는 동료들에게 단지 타자경험의 방식, 즉 타 문화에 속하는 사람들의 인간성 및 이들의 문화에 대한 감정이입 방식으로만 접근이 가능하다." (162)

이러한 개개의 문화세계는 한편으로 하나의 보편적 세계가 드러나게 하는, 혹은 이를 지향적으로 가리키는 보편적 세계의 나타남의 방식이기도 하다. 곧 이 보편적 세계는 일종의 보편적 지평으로서 직접적으로 주어진다기보다는 오직 각각의 문화세계라는 프리즘을 통해 우리 각자에게 더불어 주어지는 것이다. 그러므로 하나의 동일한 세계는 이러한 문화세계라는 주어짐의 방식을 통해 다양하게 주어져 있는 것이다. 이는 모든 다양한 문화세계의 바탕에 동일한 보편적 자연이 놓여 있다라는 의미가 되기도 한다.

13. 유아론의 극복

이러한 논의들을 통해 이제 후설의 초월론적 타자경험 이론은 하나의 완결된 형태를 보이게 된다. 후설은 유아론의 의혹에 맞서, 나와 같은 다수의 초월론적 주관성이 나에 대해 실재하고 이것이 나의 내부에 나 자신의 복사된 형태로서 존재하는 것이 아니라 구체적으로 하나의 정당한 타자로 존재하고, 또 활동하고 있음을 타자의 신체성을 실마리로 한 감정이입과 연상작용을 통해 입증해 보였다. 또한 나와 타 자아가 각기 다른 관점에서 바라보면서도 같은 것으로 공유하고 있는 자연의 동일성에 대해서도 나름의 방식으로 해명했다. 이를 근거로 후설은 모든 모나드들이 서로 내적으로 결합되어 있으며, 나아가 하나의 모나드 공동체를 이루고 있다고 보았다. 그리고 이 모나드 공동체는 모든 세계적인 객관적 공동체의 초월론적 바탕을 이루면서 상호주관성의 내적인 근거가 됨을 보여 주었다. 이러한 해명을 근거로 후설은 다음과 같이 말한다.

"여러 다수의 분리된, 즉 서로 연관성을 이루지 않은 모나드들의 다수가 공존한다는 것, 따라서 그 각각의 모나드가 각자의 고유한 세계를 구성하고, 이에 따라 무한히 분리된 세계들, 두 개의 무한히 분리된 공간들과 두 개의 무한한 공간-시간이 존재한다는 것을 생각할 수 있는가? 명백히 이는 생각 가능함 대신에 하나의 순수한 모순이다." (166-167)

이제 후설의 입장에서 개개의 초월론적 주관성이 구성한 세계는 그 자신에게만 타당하고 타 주관성에는 요구할 수 없거나 혹은 알 수 없다는 식의 논란도 이를 통해 잠잠해져야 한다. 하나의 공통된, 이 유일한 세계에 대해 각각의 나타남의 방식에 맞추어 지향적으로 구성하고 해명하는 것이 개개 초월론적 주관성의 역할이고, 또한 인식론적 정당성과 나름의 객관성은 이것의 밑바탕에 놓여 있는 초월론적 상호주관성으로서의 성격을 지닌 모나드 공동체가 보증한다. 데카르트가 신의 성실성에 근거해 보편적 세계의 존재에 대해 정당화를 했다면, 후설은 이 모나드 공동체, 즉 초월론적 상호주관성에 근거해 각 주관이 구성한 세계존재의 보편성에 대해 정당화를 시도한다. 그리고 이 모나드 공동체로서 초월론적 주관성은 각 주관에 내재한 보편적 성격이기도 하다.

이로써 후설의 초월론적 현상학은 후설 스스로 제기한 유아론의 그림자로부터 완전히 벗어났을까? 후설은 물론 그렇다고 믿는다. 이런 의미에서 후설은 "따라서 초월론적 자아로서 내가 나 자신으로부터 존재하는 것으로서 인식하고 나 자신 속에서 구성된 것으로 해석하는 모든 것이 나 자신에게(만) 고유하게 본질적으로 속해야만 한다는 가상은 사라진다"(175)고 말한다. 곧 나의 초월론적 주관성에 의해 구성되고 파악된 것은 이 주관 내에서만 타당성을 지니고 여기에만 한정된 것이 아니라 타자와 같이 공유할 수 있는 보편적인 것이 될 수 있다는 것이다. 그러므로 후설은 나의 주관성에 의해 구성된 것으로서 모든 세계의 존재 의미를 규정하려는 자신의 초월론적 현상학적 관념론은 여기서 궁극적인 철학적 정당성을 얻을 수 있다고 보았다. 그리고 이를 토대로 후설은 다음과 같이 말한다.

　"나에 대해 존재하는 모든 것이 자신의 존재 의미를 오로지 나로부터, 나의 의식영역으로부터만 얻어질 수 있다는 명제가 근본적인 타당성을 지니고 있다고 하더라도 유아론의 가상은 해소된다." (176)

　물론 이러한 후설의 강한 반론에도 불구하고 후설의 타자경험 내지 상호주관성의 해명은 성공적이지 못하고, 타자에 대한 충분한 설득력 있는 해명이 될 수 없다는 비판의 목소리가 학자들 사이에서 높은 것이 사실이다. 이러한 비판의 가장 중요한 근거로 작용하는 것이, 후설이 타자경험을 해명하면서 실제 타자가 아닌 단순한 나에 의해 생각된, 나의 유사체로 이해된 타자를 해명하는 데 그치고 있다는 것이다. 말하자면 자기중심적으로 타자를 일방적으로 규정하고 있다는 것이다.[11] 이는 후설이 타자경험을 기본적으로 나를 기준으로 하는 감정이입에 근거해서 설명하려는 한 불가피하게 감수할 수밖에 없는 일리 있는 비판이기도 하다. 그러나 감정이입의 방법이 우리가 타자의 내면을 이해하고 접근할 수 있는 가장 최선의 방법이라는 후설의 해명과, 이 감정이입은 타자를 나와 같이 하나의 동질적인 동등한 주체로 생각하게 한다는 점에서 일종의 윤리적 가치를 지닐 수 있다는 점을 고려한다면,[12] 후설의 타자이론은 많은 비판에도 불구하고 여전히 긍정적 의미를 지니고 있다고 볼 수 있다.

 이 책은 후설 현상학의 중심이라고 할 수 있는 초월론적 주관성의 발견과 그 명증성에 대한 해명으로 시작해서, 이 초월론적 주관성의 명증성을 그것의 상호주관성에 대한 해명을 통해 입증하는 식으로 완결된다. 한마디로 이는 초월론적 주관성에 기반한 현상학의 '자기정당화'로 이해할 수 있다. 그러나 이를 단순히 후설 현상학 자신의 자화자찬이나 자기변명과 같은 것으로 오해해서는 안 된다. 후설이 이를 통해 주장하고 싶은 것은, 철학에 대한 '자기책임성'의 환기다.

 전통적으로 철학은 전체 세계에 대한 탐구와 분석이 주된 과제였다. 그러나 이 세계를 탐구하는 방식은 철학자마다 달랐고, 그렇기에 다양한 철학적 방법론이 등장하였다. 그렇지만 대체적인 경향은 객관주의적 경향에 따른 세계분석이었다. 객관주의는 이 세계 자체에 진리가 내재해 있다고 보고, 나의 외부에 있는 객관적 세계 속에서 진리의 근거를 찾는 방식을 취하고 있다. 따라서 객관주의를 취하게 되면 주관적 요소는 최대한 줄이면서 이 세계를 객관적, 양적으로 주관과 거리를 두고 탐구하는 것만이 올바른 진리탐구의 방식이라고 생각하게 된다. 곧 주관성이 배제된 엄밀한 객관성만이 학문적 진리의 유일한 척도로 간주되는 것이다. 이러한 의미에서 수학을 기반으로 하는 근대 물리학은 순수 객관성을 신봉하는 서구 객관주의적 사고의 절정이라고도 할 수 있다.

이러한 객관주의의 위력에 밀려 점차 학문적 관심의 밖으로 물러날 수밖에 없었던 것이 바로 인간의 '주관성'이다. 정확히는 주관성의 시선으로 본 세계이다. 이 세계가 철저하게 주관과 분리된, 그 자체로서의 이념적 세계로 이해되는 한, 이 주관에 의해 체험되고 느껴지는 생생한 세계성의 의미는 고스란히 실종되고 만다. 그러나 현상학은 바로 이 주관과 결부된, 주관에 의해 직접 체험되고 의미부여 되는 세계가 모든 이론적, 학문적 세계의 바탕에 놓인 실제적 세계(생활세계)로 보고 이 주관적 세계의 해명에 초점을 둔다. 그리고 현상학은 이러한 세계에 의미부여 하고 이를 구성하는 고유한 주체로서 초월론적 주관성을 발견하면서 이 세계를 오직 초월론적 주관성의 상관자로서 해명하고자 하는 새로운 시도를 한다. 이러한 시도는 그러나 단순히 주관주의적으로 세계의미를 밝히겠다는, 어쩌면 시대에 뒤떨어진 한 철학적 입장의 표명이라기보다는, 사태에 충실해, 우리에게 주어져 있고, 체험된 바 그대로의 실제 세계가 가진 의미를 드러내겠다는 순수한 철학적 의지의 표현이라고 볼 수 있다. 그리고 이를 통해 밝혀진 세계는, 나와 불가분의 관계를 맺고 있고, 나를 편안히 감싸 안고 있는 친숙한 삶의 세계이다. 따라서 세계의 참된 의미는, 나와 분리된 그 자체로서의 세계 속에 있는 것이 아니라 나와 세계 사이의 긴밀한 연관성 속에 놓여 있다. 이런 맥락에서 '세계의 나에게 주어짐 혹은 나타남의 방식'이 현상학적으로 매우 중요한 의미를 지니게 되는 것이다.

여기서 이러한 '세계(존재)의 의식 속에 명료하고 확실하게 주어짐'의 사건 내지 상태를 가리켜 후설은 명증적이라고 표현하였다. 그리고 이를 현상학적 진리의 척도로 삼아, 바로 여기로부터 모든 현상학의 학문적, 철학적 정당성을 이끌어 내고자 노력하였다. 곧 후설에게 철학적 정당성의 근거는 밖에 있는 것이 아니라 내부에, 보다 정확히는 나와 세계의 명증적 관계 속에 있다. 그리고 오직 이에 근거한 진리 주장만이 그 타당성을 얻게 된다. '절대적 자기책임성'에서의 현상학적 철학의 이념은 바로 이로부터 나온다. 명증성의 근거가 근원적으로 내속에 있는 만큼, 이에 대한 정당성의 입증은 오로지 내가 해야 하며, 오직 절대적 주관성으로서 내가 책임져야 하는 것이다. 외부의 어떤 방법이나 이론이 이를 정당화할 수 있는 것이 아니기 때문이다.

데카르트의 방식을 따라 의식 속에서 모든 철학적 진리의 궁극적 근거를 찾은 후, 이를 바탕으로 이른바 초월론적 주관주의 내지는 초월론적 관념론의 체계를 구축하고자 한 후설 현상학의 참된 의도는 바로 여기에 있다고 할 수 있다. 이는 곧 객관주의에 반대해, 주관적 진리성을 정당화하고 복권시키고자 하는 것으로 이해될 수 있다. 따라서 후설은 이 책을 마무리하면서 마지막 문장으로 "진리는 인간의 내면에 머물러 있다"라는 아우구스티누스의 말을 인용하고 있는데, 이는 후설의 생각을 함축적으로 잘 표현하고 있다.

주석

1   한전숙(1996), 『현상학』, 민음사, 303 참조.

2   한전숙(1996), 『현상학』, 민음사, 143.

3   한전숙(1996), 『현상학』, 민음사, 93-94.

4   이와 관련해서는 K. Held(1985), *Die phänomenologische Methode, Ausgewählte Texte II*, Stuttgart: Philipp Reclam, 17 참조.

5   P. Janssen(1986), 신귀현·배의용 역, 『에드문드 훗설의 현상학』, 이문출판사, 86.

6   K. Held(1985), *Die phänomenologische Methode, Ausgewählte Texte I*, Stuttgart: Philipp Reclam, 29 참조.

7   이와 관련된 내용은 이 책에서는 제대로 주제화되지 않고 후설의 또 다른 저서인 『이념들 II』에 제시되어 있다. 따라서 아래의 설명은 이를 정리해 기술하고 있는 필자의 과거 석사논문[박인철(1986), 「후설의 생활세계론 -그 의의와 한계-」, 서울대 대학원 철학과 석사학위논문]에 근거, 이를 요약, 서술하는 식으로 이루어졌음을 밝혀 둔다.

8   E. Husserl(1952), *Ideen zu einer reinen Phänomenologie und phänomenologischen Philosophie, Zweites Buch*, Den Haag, 146; 박인철(1986), 「후설의 생활세계론 -그 의의와 한계-」, 서울대 대학원 철학과 석사학위논문, 46 재인용.

9   A. Schutz(1970), *Collected Papers III*, The Hague: Nijhoff, 66-69 참조.

10 이러한 정상성 개념에 대해서는 이 책에서는 상세히 다루어지지 않고 있으나, 정상성 개념은 후기 후설에서 매우 중요한 개념으로서 이에 대한 보다

상세한 내용은 박인철(2015), 『현상학과 상호문화성』, 아카넷, 373-380, 394 참조.

11 이와 관련해서는 박인철(2015), 『현상학과 상호문화성』, 아카넷, 118-125 참조.

12 이에 대해서는 박인철(2019), 「후설의 생활세계 교육론 -신체성, 감정이입, 자유 개념에 대한 현상학적 고찰을 중심으로-」, 『철학』 제141집, 한국철학회, 125-129 참조.

[세창명저산책]

세창명저산책은 현대 지성과 사상을 형성한 명저를 우리 지식인들의 손으로 풀어 쓴 해설서입니다.

· 세창명저산책은 계속 이어집니다.